日本語のアクセント、英語のアクセント

どこがどう違うのか

杉藤美代子 著

ひつじ書房

序

　この本は、日本語と英語の音声、とくにアクセントの入門書であり、また、「日本語アクセント」と「英語アクセント」について、従来の多くの疑問点への回答書でもあります。

　日本語は高さアクセント、英語は強さアクセントといわれてきました。しかし、「この両者は一体どこがどう違うのか？」と聞かれると、分かったようで分かりませんね。これを調べるために、筆者は、当時ソニー研究部から贈られた音声を音声波形に変えるオシロコーダという機器を使って、実験を始めることになりました。それはコンピュータがまだ使われていない時代、つまり今から50年余りも前のことでした。日本語（東京及び関西の）と英語の、それぞれ数百単語の音声波形について、声の高さや強さが各単語の中でどのように変化しているか、その実態を細かく徹底的に調べました。

　そのとき、日本語と英語、とくに関西アクセントと英語アクセントの中に思いがけない類似点を持つ例があることを見出したのです。これについての謎解きをはじめとして、次々と生じる疑問点について、発想の及ぶ限り実験を試みました。こうしてこの研究は数十年にわたる大仕事になったのでした。

　その間には、東京大学工学部の音響音声学の研究室、あるいは、同医学部の「音声言語医学研究施設」（「音声研」）において、それぞれ共同研究として実験を進めました。ここでは、それらの結果をも使って問題点を明らかにしていきます。

　次に、英語話者と日本語話者とでは、文中あるいは会話中でのアクセントの使い方が全く異なることをご存知でしょうか。ここでは、しゃべるということの根本から説明し、多くの実験により明らかになったアクセントの使い方の、両言語話者の違いをのべて、違いの問題点とこれに対する方策を明らかにします。ご期待ください。

はじめに——ソニーから「音声波形」がやってきた

　人生には、思いもかけないことが降ってわき、それが生涯を支配する、そんなことがあるものだ。——筆者は、東京での学会の帰途であったと思うが、何の予約もなしにソニー研究部をはじめて訪れた。それは今から数十年も前のことである。

　訪問の理由は新聞で次のようなことを知ったからであった。ご成婚間もない皇太子さま（現在の天皇のことなのだ！）がお妃さまとお揃いでソニーを見学された。当時は、まだ、聞いてよくわかる合成音声などはこの世に存在しない時代であった。ところが、ソニーでは「皇太子様、よくおいでになりました。」と**合成音声でお迎えした、**という記事が新聞に載った。

　ソニー研究部ではよくわかる合成音声を作成するために次のようなことを行ったと記事にはあった。

　——まず、音声を記録したテープを、1/100の速度で再生してその音声を「オシロコーダ」という機器で音声波形にする。次に、それを長い紙に手書きしてそれをゆっくりと動かしながらその音声波形をペンでなぞりその動きを電圧に変える。——これを1000倍の速さで再生して音声にした——このようにして作られた合成音声は、明瞭に聞き取れるものであった——と。

　当時は「日本語アクセントの本質は、実験ではわからない」というのが定説になっていた。しかし筆者は、本当にわからないのかどうか、それが知りたいと思っていた。

　ちょうど、そのころ、東京出身者の筆者が、教室で「今田さん」と呼んだとき「柴田さん」がやってきた。漢字で書けばたいそう違う2つの姓を「imada, sibata」と指で書き、発音してみると、アクセントが同じで、しかも音がよく似ていると思った。これがきっかけとなって、仮名3文字の「○○田」の姓を大阪の電話帳（東京のとは違い、適当な厚さだった）からすべて

抜き出した。348戸あった。こうして、東京と大阪のアクセントを調べはじめた。

　東京では、「しばたさん」は、「し」を高く言い、「いまださん」も、はじめを高く「いまださん」（「いまださん」とも）いうが、大阪では、「柴田さん」は末尾の「さん」を高く、「今田さん」は「ま」を高く言う。この場合は、聞き違いようがない。アクセントは方言によってたいそう違う。が、それぞれ共通のルールがあって、それは、音の組み合わせと関連があるらしいということが次第に見えはじめてきた——ちょうどそのころのことだった——。

　ソニー研究部の入口には誰もいなかった。たまたま、すぐそばの廊下を通る白衣の研究者らしい方に、「何か御用ですか？」と聞かれた。来意を告げると、たいそう丁重にご案内くださった。その方が、偶然、「オシロコーダ」を開発された植村三良氏であった。

　私は、氏の解説つきで「オシロコーダ」を見学し、合成音声を聴き、説明を伺った。お話が一段落すると、今度は氏が私にいろいろなことを訊ねられた。なぜこの音声を聞きたいと思ったのか、なぜ機器が見たかったか、何か研究したいのか等々。私はお答えしながらも、私の本心、つまり「アクセントの本質を調べたい」などということは、理解されないものと思いこんでい

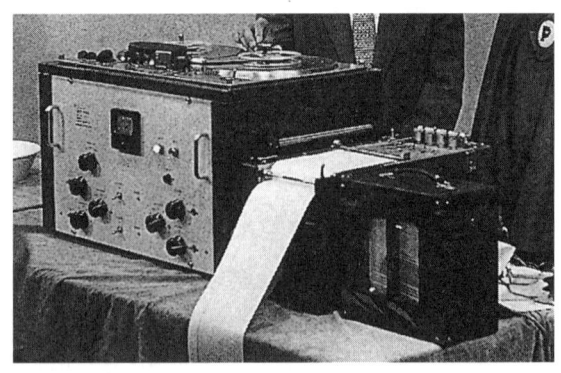

オシロコーダ（「第一部　磁気記録との出会い」『磁気一徹』マコメ研究所より）

た。

　ところが、帰る前に、氏はこう言われた。「どういうものを音声波形に変えたいのか。録音してテープを送ってください。そうすれば、オシロコーダで音声波形に変えて、巻物のようにして送ってあげますよ」と。私はご厚意に驚き、感謝して帰途についた。すべてが偶然の出来事だった。しかし、実際のところ、私には録音機もマイクも録音テープも何もない。今では想像もつかないことだが、戦後の、焼け野原からの復興期にあった当時の日本は、そういう時代であった。

放送局用の録音機「デンスケ」のこと

　何日か経ってから、試作品ででもあったか、放送局用の録音機「デンスケ」（——後でその名を知ったのだ）が、高価なマイクロフォン、録音テープなどとともに送られてきた。それは、やがて、街頭録音のときなどに、NHKのアナウンサーが、肩にかけ、マイクを話し手に差し向けて録音をするのに使われるようになったものであった。オープンリールの、つまり録音テープの動きが外からでも観察できる高性能のものであった。

　私はその「デンスケ」を使って、大阪アクセントの気になる単語、短い文章などを読んだ音声等を録音してソニー研究部へ送った。こうして、音声波形を記録した長い長い用紙が巻物となって次々と送られてくることになったのだ。

　東京出身の私には、「標準語話者」という自負もあったかと思うが、大阪へ移り住んだら、なんと、「**なまりきついさかい**ナー、**わかれへん**！」と言われる始末で、ひどいことになったなあとも思った。だが、その言葉が、私にとってはかけがえのない興味の対象となった。なにぶん「あ**めェ**（雨）」「あ**さァ**（朝）」「あ**きィ**（秋）」「は**るゥ**（春）」「あ**ほォ**（阿呆）」（低高低）のようなアクセントまであるので、これらを捨てておくわけにはいかないのだった！

マニュアル1つない手仕事のはじまり

　音声波形を記録した用紙、そこには、ぎざぎざの音声波形が長く、長く続くばかりだ。けれども、音声を聞き音声波形を観察しながらそれを読み取って、どんどんどんどん書いていくのは、なかなか面白い作業だった。次第に、音声波形を見ただけでもその単語の大阪アクセントも当てることができるようになった。次に、母音の振幅を測り、母音、子音の長さを測り、その次には、声の高さを調べてみた。これには疑問点がいろいろ出た。普通には、1つの母音の定常部（安定した部分）の高さが、何ヘルツ（Hz）ということでいいのだろうが、測ってみると、そう簡単に済まされる問題とは思えなかった。つまり、声の高さが時間の経過に従って変化していくその実態が見えてくると、次々と疑問が出てきて、結局、音声波形の周期を、これ以上はない細かさで、つまり、各波長を1つ1つ測ることになった（後にはその逆数を取りHzに変えるのだが）。かつては、源氏物語原文の、宇治十帖の巻に涙を流す文学少女だった私が、試行錯誤を繰り返しながら、何もかも自己流で、ピッチ抽出を試みることになった――そうです。忙しい忙しいと言いながら世の中には思いがけない「遊び」ってあるものです――。

　そう。誰も試みたことのないちょっとした冒険の旅に出たというような気分だった。声の高低変化の実際は、実測していくと、「え？」「何これ？」というような疑問のものもあった。それらの中には、日本語アクセントのやっかいな問題点、この本文でやがて説明することになる「おそ下がり」例や「無声拍にアクセントがある」例などが、すでにまざっていたのだった。

音声波形を描く機器「ペンオシロ」が来た！

　思いがけないことに、次には「ペンオシロ」自体が送られてきた。これには本当にびっくりした。この機器は、古い部品を集めて作られたような外見は冴えないものであった。が、それこそ、私にとっては他にかけがえのない宝物だった。これは、1秒の音声を1メートルの音声波形として即座に記録紙上に打ち出す、私のために簡易化されたと思われる特製の機器であった。

今思うと、「うそ」のようだが、実はこのとき領収書に署名をし、印鑑を押したのは、私の夫だった。女性は当時、物の数に入らなかったのだろうか？

　機械が故障したときは、技術者の氷室さんという方が、夜行列車で日曜日の早朝、当時東大阪にあった我が家に着かれ、朝食の後1日修理して、その夜にまた夜行で東京へ帰られるというご親切をいただいた。

　こうして、それまではお会いしたこともなかった方からご厚意を受け、その結果、私は、他では見られないような実験条件に恵まれることになったのだ。もとはといえば、好奇心からの見学に過ぎなかったが、本当に思いがけないことになったものだ。

　──出会いとは、運命とは、ほんとうに不思議なものですね──。

改めて録音を開始──単語アクセントの基礎から

　こうして、「ペンオシロ」を使い始め、改めて考えた。東京アクセントと大阪アクセントについて、全体が説明できるようなデータを作ることにしよう、と。

　そのために、仮名文字1字の、例えば「え(絵)」「お(尾)」などの1拍語から、「いろえんぴつ」などの6拍語にいたるまで556単語のリストを作り、それらの単語をともかく任意に（後にはランダムに）配列して、生粋の東京及び大阪の話者の音声について改めて録音することにした。発話者は、ソニーの大阪勤務中であった寺西氏(生粋の東京旧市内の出身者)と、荒木氏(大阪の中心地船場の結納品を扱う老舗の若主人)だった。

　その音声を、「ペンオシロ」によって次々と音声波形に変え、そこから、まず母音、子音を読み取り、波形の振幅と長さを測り、各波長から基本周波数の抽出を行った。数年がかりの大仕事となった。

　さらに、今では、コンピュータで音声の一部分を切って他につなぎ合わせることなど、ごく簡単にできる作業を、当時は、オープンリールのデンスケを使って、色々と工夫し、録音テープを鋏で切りとり他へ接続し、手作りの音声合成を色々と試みた。それは謎解きの始まりであり、その後の研究には大いに役立つことになった。

このような出発点での数年にわたる地道な手仕事と観察の結果、人間の言語の具体的な働きそのものを誰よりも深く知ったというような気分になった。これらは、なかなか面白い一種の遊びでもあり、ついには生涯の仕事として関わることになった。このように、私の研究は仕事と遊びとがいつも一体となって、それを楽しむことになるのだ。それが、ソニーへ見学に行こうと思い立ったささやかな決意から始まったことを考えると、何がきっかけで人の生き方が定まるかわからないものである。

　さて、これからアクセントの世界をのぞいてみることにしよう。これを読み進むにつれて、もし、これまでと違った世界がみえてきたように興味を持っていただけるならば、これも１つの出会いと言えよう。それは筆者にとってたいそう有難く、嬉しいことなのだ。

目次

序　　i
はじめに——ソニーから「音声波形」がやってきた　　iii

第1章　しゃべるとはどういうことか　　1
1-1　「アクセント」とは何か？　　1
1-2　人間(ヒト)はどのようにしてしゃべるのか　　3
1-3　人間(ヒト)はなぜしゃべるようになったか　　5
1-4　母音、子音はどのようにして作られるか　　6

第2章　日本語と英語のリズム　　9
2-1　日本語のリズム　　9
2-2　英語のリズム　　11

第3章　日本語と英語の「音」と「声」　　15
3-1　携帯電話と五十音　　15
3-2　五十音図の値うち　　16
3-3　五十音図のしくみ　　17
3-4　日本語アクセントとその記号　　19
3-5　英語の音とアルファベット　　20
3-6　英語アクセントの特徴と記号　　20

第4章　日本語アクセントの歴史および、英語アクセントの研究小史　23

- 4–1　日本語の方言アクセントと歴史　23
- 4–2　音声波形をどう見るか　29
- 4–3　従来の、アクセントの考え方とその実態　33
- 4–4　「花籠」と「花／籠」、"tall boys" と "tall, boys" のちがい　35
- 4–5　英語アクセントの研究小史　36

第5章　「おそ下がり」と「無声拍にアクセント」　39

- 5–1　「日本語は高低アクセント」、それは本当か？　39
- 5–2　「おそ下がり」とは何か——強さが原因か？　40
- 5–3　「無声拍にアクセント」とは？　41
- 5–4　「おそ下がり」になる理由　43
- 5–5　下降音調を持つアクセントとは？　44
- 5–6　意外な発見！——下降音調を持つ関西アクセントと英語アクセントとの類似性に注目！　47

第6章　英語話者は日本語アクセントをどう聞きとるか　51

- 6–1　英語話者は日本語アクセントをどう聞くか、その実験　51
- 6–2　英語アクセントの特徴　53
- 6–3　日本語と英語のアクセントの本質　54
- 6–4　音節の長さと高さ　55
- 6–5　英語アクセントはどう理解すればよいか　58

第7章　アクセントの知覚——強さではなく高さによる！　61

- 7–1　「おそ下がり」の謎解き——その音声合成　62
- 7–2　アクセントの生成モデルによる「あめ」40種の合成音声　65
- 7–3　同じく生成モデルによる英語の合成、pérmit から permít へ　69

7–4　無型アクセント話者も対象とする6都市での知覚実験　71

第8章　「筋電」——脳からのアクセント指令　77

8–1　「筋電」とは？　77
8–2　関西弁で話すときの「筋電」の特徴　79
8–3　英語で話すときの「筋電」は？　81
8–4　[a] と [i] では発話時の「筋電」が違う　83
8–5　英語の「筋電」がほしいわけ　85

第9章　脳からの「アクセント指令」を観察する　87

9–1　「音」と「声」の組み合わせ　87
9–2　謎解きの答え——「音」と「声」のタイミング合わせ　89
9–3　分かった！——日本語も英語も高さアクセントなのだ！　92

第10章　英語と日本語のアクセントはどこがどう違うか　93

10–1　英語と日本語のアクセントと語りの特徴　93
10–2　日本語と英語18人の話者の語りの比較　94
10–3　どの単語を強調するか　96
10–4　どの部分を高めるか　99
10–5　18人の英語話者と日本語話者が語る
　　　"Two bags" のさまざま　101
10–6　日本語話者の「桃太郎」と、英語話者の「Momotaro」、
　　　語りの違いは？　102
10–7　朗読のイントネーションパタン　103
10–8　英語話者と日本語話者の「英語アクセント」の、
　　　根本的な違い　104
10–9　英語の発音指導にぜひ生かすこと
　　　——日本語、英語のアクセントのちがい　106

あとがき　　109

参考文献　　113

コラム1　「母音の無声化」って何？　　8
コラム2　無声拍にアクセントがある例とは？　　13
コラム3　舌遊び　　21
コラム4　ドラマの人々のアクセント
　　　　　――関西のアクセントと平安時代のアクセント　　28
コラム5　十津川村のアクセント　　32
コラム6　アクセントとイントネーション　　34
コラム7　「サンカッケイ(三角形)」のアクセント　　42
コラム8　下降音調を持つ「雨」の関西アクセント　　49
コラム9　金髪の幼児からの声のおくりもの　　59

第1章　しゃべるとはどういうことか

　人と人とが分かり合うためのコミュニケーションに、話し言葉ほど便利で効率的な方法はどこを探しても他にはない。その話し言葉は、歌にたとえれば、歌詞（ことばの「音」）とメロディー（「声」）によって成り立っている。いわば作詞と作曲の組み合わせと同じだ。
　話し言葉の音声は、私たちが生きるために息を吸って吐くこの「呼吸」の、いわば使用済みの「吐く息」（呼気）と、「食べるための道具」（舌や、多数の歯、歯茎、顎等）それらをそのまま利用することで成り立っているのだ。
　例えば「あ！　雨！」などと言うとき「あ、め」の音を作る働きと、始めの「あ」は高く、次の「め」は低めに「音」と「声」の両者を組み合わせてものを言っている。この高低、低高などは各単語について決まっている。それがアクセントなのだ。

1-1 「アクセント」とは何か？

　私たちは吐く息を利用して**声**を出す。自分が息を吐くその息の出口が喉である。指を横にそろえて喉に当てて、声を出してみよう。その内部にある**声帯**がびりびりと振動する。
　次に、口を開けて息を出してみよう。何の音もなく息が口から外へ出るのがわかる。口を閉じて鼻歌を歌ってみよう。「む、む、むー」と、あるいは口は軽く開けたままで「んん、ん、んー」と発声する。鼻に手を近づけると、鼻から息が出ているのが感じられる。指を喉に当てると、指にびりびりと声帯の振動が伝わる。これは**声**が出ていることに伴う現象である。声の高低でメロディは作られる。言葉のアクセントも、声の高低によって作られる。
　「雨がふる」の「雨」と、キャンディの「飴」。それらはどのように区別す

るだろうか？「雨」と「飴」は同じ音であるが、これらは別の言葉であり、意味がちがう。

「漢字で区別する」と答えるのは、文字で書く場合であろう。では、それを言うとき、または聞くとき、われわれは両者をどのように区別しているのだろうか。

「雨」と言うときは、ameの音を、たとえば「あ」は高く、次の「め」は低めに、というように声に高低をつける。同様に、「飴」ならば「あ」を少し低めに、「め」を少し高めに言う。われわれは、このようにことばをしゃべるとき、「音」と「声」の両者を組み合わせてものを言う。この高低、低高などは、各単語について決まっている。「花」の「ハナ」と「鼻」の「ハナ」の場合、「花」は「な」だけを高くして、「はなが」と言い、鼻は「はなが」と、「なが」を少し高めに言う。このように、やはり音の高さで区別しているのだ。

私たちは、これらそれぞれの音を聞いて、どこが高いか、その高いところの位置の違いだけで意味の区別ができる。これらを単語の「アクセント」という。

例えば、乳幼児が「マンマ」などという言葉を覚えるはじめに音を記憶に入れるときから、その音の高低などがいわばセットになって記憶されると考えられる。つまり、これらの2種の運動（音作りと、声の高さの変化をつけるアクセントのこと）が同時にタイミングを合わせて働く。私たちの話は、ごく簡単にいえば、そのような言葉を次々に連続させて言っているのだ。

また、アクセントは方言によって違いがある。とくに、かつて標準語地域であった、京都・奈良・大阪等の関西アクセントと、江戸を中心とする東京アクセントは、反対？　と思われるほど違う。これは混乱を招く元だ。明治時代に天皇の出身地（京都）のことばを標準語にするか、天皇の現住所（東京）の言葉を標準にするか、議論があったそうだが、結局、東京の教養ある人の言葉ということになったということである。関西をはじめ各地域の方言のアクセントは変化する傾向にあるが、今なお比較的多く用いられる地域もある。

1-2 人間(ヒト)はどのようにしてしゃべるのか

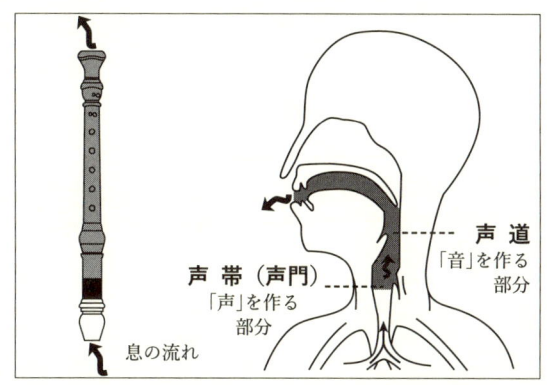

図1–1 吐く息が声帯を振動させて声を作る

　アクセントは単語によって決まっている。これは乳幼児期からすでに獲得し始める。乳幼児がアクセントの言い間違えに気づいて言い直すことがある。それはアクセントが単語とともに、その固有の型として脳に定着することを示唆している。身に付けたアクセントは生涯変化しにくい傾向がある。

　それに対して、イントネーションは、発話のたびに異なる。感情・意図・ニュアンスの違いなどによりさまざまに変化する。実は、イントネーションによって、聞き手は話し手の真意を理解することが多い。また、問いの場合に末尾が上り調子になる言語は多い。このような声の高さの変化もイントネーションと呼ばれる。

　私たちは、食べるための器官を利用して言葉の**音**を作る。その主役は食事のための**舌**と、これを乗せている顎(あご)だ。吐く息が、**声道**(せいどう)(のどから唇まで声が通る道)を通るとき、同時に舌や唇の形を変え、顎を動かす。「あい(愛)」「あお(青)」「いえ(家)」「うえ(上)」などと言えばそれぞれ意味が伝わる。

　日本語の「あ」「い」「う」「え」「お」は**母音**(ぼいん)と呼ばれる。母音を発声しているときは、吐く息が声帯をびりびりと振動させ、息が声道を通ってどこにも邪魔されることなく唇のところから外へ出る。

図1–2に「あ」「い」「う」「え」「お」と発音したときの口腔内の形を、病院などで使われるMRIの撮像により示した。舌の位置も形もそれぞれに違っている。「あ」「い」「う」「え」「お」と発音して、舌が口の中でどのような形に変わるか、その変化をこの図と合わせて確認してほしい。

図1–2の右下部には横断面図を置いた。口の動きを観察していると、被験者が話しているあいだじゅう、各部分がこまごまと忙しく動き続けている

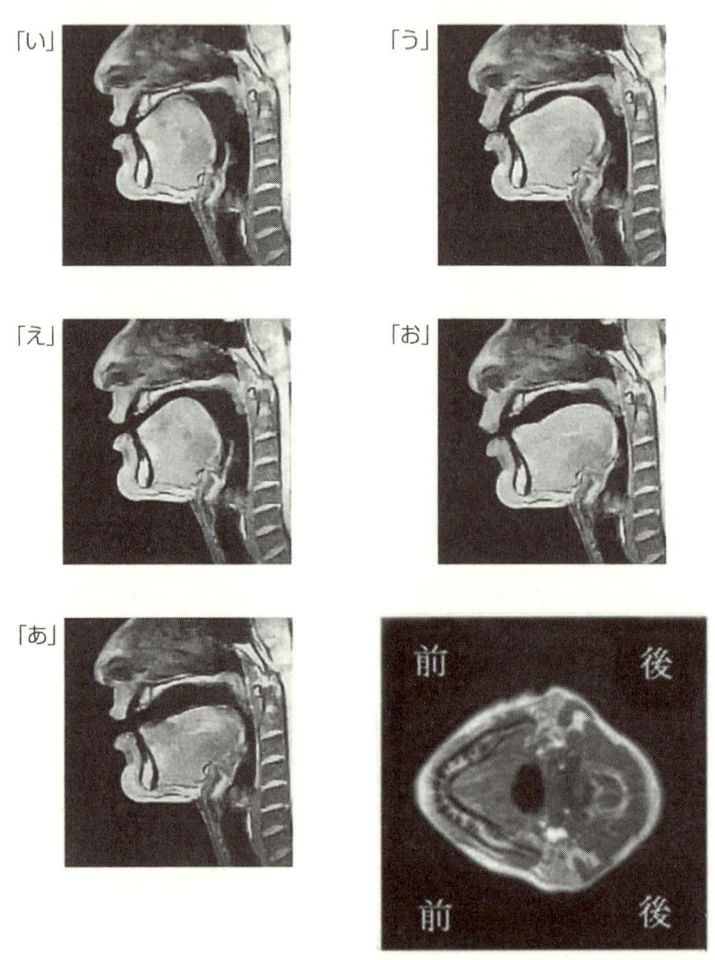

図1–2　MRI撮像。右下は発話時の横断面図

のがわかる。この複雑きわまる動きが無意識のうちに行われていると考えると、その繊細な動きに感動さえ覚える。

このとき、声帯を振動させずに口の形だけを変えて息を出しても母音にはならない。音声は声帯を振動させて作る**声**と、口の中の形を変えて作る**音**とが同時に生み出されることによって成立するからである。両者がタイミングを合わせて働くことによって成り立つ。

実際に口を開けたり声を出したりして確認するとさらに理解が深まるので、ぜひ自分でもやってみてほしい。

アクセントによる声の上げ下げは発音と深く関わっている。日本語話者が日本語を、英語話者が英語をどう発音しているのかを、第8章・第9章では脳からの特定の筋への指図とともに観ていくが、そこでは話すということがどういうことかを具体的に理解してほしい。それはすばらしいことなのだ。

1-3　人間(ヒト)はなぜしゃべるようになったか

犬や猫は鳴くことはできても、しゃべることはできない。しゃべることができるのは人間だけである。動物はあるメッセージを鳴き声で伝えることはできるが、人間のように複雑な文法を使って入りくんだ内容を伝えることなどできない。

考えてみれば、私たちは辞書に載っている以上の豊かな言葉を、音をすばやく組み合わせることによって生み出している。しかも、アクセントやイントネーションを加えながらである。個人差もあるが、文字に換算するとその速さは1秒間に6～7文字にもなる。さらには、途中で音やその高さなどを変更することも可能なのだ。

声道が長い鸚鵡(おうむ)や九官鳥は「オハヨウ、オジョウサン」などと発声することができる。ただ、相手が男性だったからと、とっさに表現を変えることなどできない。まるまるその音を真似ているだけである。人間が「しゃべる」こととは意味合いが根本的に違う。

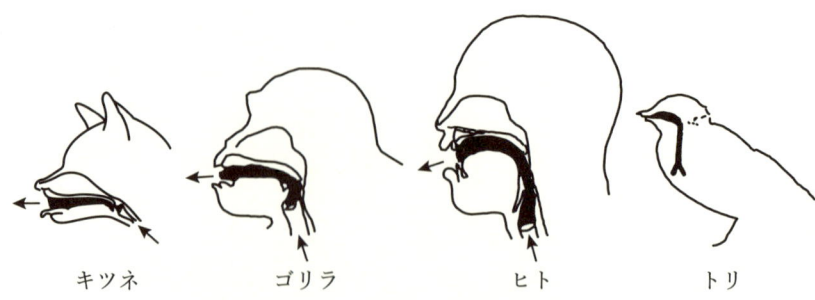

図1-3　キツネ、ゴリラ、ヒト、トリの声道

　人間がしゃべれるようになったのは、人間が立って歩くようになったことと関係があると考えられている。直立歩行することが何代にもわたって続いていくうちに、声道が図1-3に示すように長くなった。声道が長くなると、複雑な音のバリエーションが作れるようになる。犬や猫などの発声器官では、言葉を話すのに必要とする種々の音を作ることは不可能だ。
　人と会話のできるイルカがいると最近言われているようだ。イルカやクジラ、象の仲間同士は低周波数の音で話をしている。それらの実態が分かり、いつかイルカやクジラと思いがけず会話が弾んだりしたら、さぞ楽しいだろうが、たとえ実現するにしても先のこと、それには「時」がかかり、夢物語とするほかなさそうだ。

1-4　母音、子音はどのようにして作られるか

　唇を閉じたり、舌が歯や歯茎（はぐき）や上顎、あるいは口蓋（こうがい）（図1-4参照）に触れたりして、吐く息を邪魔することで音の区別がなされる。口蓋は**硬口蓋（こうこうがい）**と**軟口蓋（なんこうがい）**に分かれる。指で上顎を触ってみると、前のほうは硬く感じる。そのあたりが硬口蓋である。さらに奥へ指を動かすと「ゲーッ」となって触れられなくなる。そのあたりは硬口蓋に比べるとかなりやわらかくなっているので、軟口蓋と呼ばれている。
　発音と発声器官との関係を一部見てみよう。

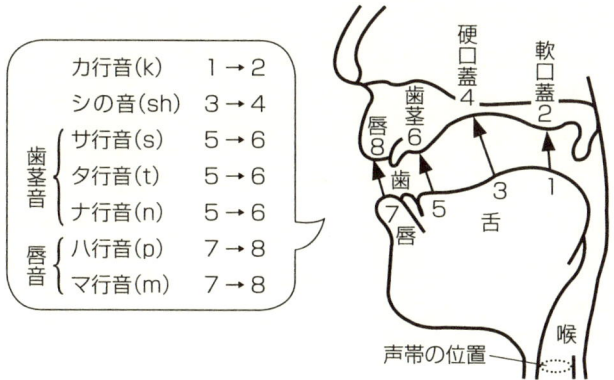

図1-4 「声」とそれぞれの「音」の発生

（1） 「あ」と言うとき声を出す前にちょっと唇を閉じる。すると息が鼻から出て「ま [ma]」になる。
（2） 舌を歯の裏につけ、弾くように舌を離しながら「あ」と言えば「た [ta]」になる。
（3） 舌を上の歯の裏につけたまま鼻から息を出して口を開くと「な [na]」になる。

　タ行音の [t]、マ行音の [m]、ナ行音の [n] などの子音はこうして作られる。本当かどうか確かめてほしい。

（4） 舌を平たくして下顎につけ、舌と上顎とのあいだを狭めて息だけを通せば摩擦音 [s] になる。そのまま声帯を振動させれば、摩擦音の [z] になる。

　発声のしくみの注目点は次の3つである。

（a） 息が出ているのは口か鼻か
（b） 舌の位置
（c） 音の出し方

母音では息はどこにも邪魔されず外に出る。子音 [m] [n] などの場合は唇で息が通るのを邪魔して鼻から息が出るので**鼻音**と呼ばれる。[t] では舌を上げて空気が通るのをほんの一瞬だけ邪魔される。[k] は舌の奥が上げられる。「か、か、か」と言いながら口の中に指を入れ、[t] と比べよう。[t] [k] は破裂によって作る音、つまり**破裂音**だ。[s]（サ行音）などは**摩擦音**と呼ばれる。このように、舌によって数種類の音が作られる。これらは**子音**と呼ばれる。なお、子音には声帯が振動する有声子音（m, n, g, d など）と、声帯振動のない無声子音（s, t, p, k など）の２種類に分けられる。

コラム１　「母音の無声化」って何？

日本語では「ストライク」は指折り数えて５つの単位だと感じる。[su-to-ra-i-ku] つまり子音と母音で１拍とみる。このとき、関西以外の地域（最近は関西でもその傾向がある）の話者は、よく聞くと [s-toraik-] のように、この場合、第１拍と第５拍の母音は無声化する。つまり、[s] [t] 等、無声子音が前後にある場合の母音 [u] や [i] は省略することが多い。たとえば、無声子音、/s/ と /t/ の間の /u/ →ストライクの「ス」の母音 /u/、または無声音の後の末尾の母音（ストライクの「ク」の母音 /u/）などは、省略して、子音だけを発音している。そのような例では声帯が振動せず「声」がないので、「母音の無声化」と呼ばれる。

けれども、このように母音抜きの発音をしていることを、本人さえも気づかない場合が多い。「母音は？」それは「**言っているつもり**」なのだ。しかも、この場合母音の響きはないのに、リズムをとるときには１拍と数えている。面白い現象だ。（なお、母音の無声化の記号は、上記の「ストライク」のように、文字の下に小さい。印をつける。）

第2章　日本語と英語のリズム

　歌うとき、踊るとき、それらを聞いたり見たりするとき、私たちは思わず手や足などでリズムをとったりする。では、話しことばのリズムについては、日本語話者、あるいは英語話者はどう捉えているのだろうか。
　このリズムの特徴こそが、日本語らしさ、あるいは英語らしさを作る基となっていると考えられる。日本語のリズムと英語のリズムを確かめてみよう。

2-1　日本語のリズム

　日本語は、かな文字や漢字、ローマ字などで書くことができる。
　次は日本を代表する詩人、谷川俊太郎氏の「はなのののはな」という詩である。
　①はかな書きで、もともとはこの形で書かれている。②は漢字混じり、③はローマ字で書きかえた。
　これらを声に出して読んでみよう。

　①　はなのののはな
　　　はなのななあに
　　　なずなななのはな
　　　なもないのばな

　②　花野の野の花
　　　花の名なあに
　　　なずな菜の花
　　　名もない野花

③　hananonononohana
　　hananonanaani
　　nazunananohana
　　namonainobana

　①はかな文字だけが連続していてわかりにくいが、②は漢字を混ぜているので内容がかなり読み取りやすい。それでも谷川氏は漢字を使わずに、あえて読みやすさを犠牲にしてかな文字だけを使っている。これは言葉のリズムを優先させているからだろう。
　③は子音と母音に分けた。音の中身を分解して見せている。a、o、i、u、eなどの母音の前にはそれぞれ子音がつく。かな文字の大部分が「母音1個」や「子音＋母音」でできていることが確認できる。かな文字の1つ1つが日本語のリズムを作る拍である。
　図2–1を見てみよう。これは詩を朗読して録音し、その音声の各子音、母音の長さを実測して、その結果を図示したものだ。何かを軽く叩きリズムをとりながら声に出して読んでみよう。なお、実線はかな文字のくぎり、破線は子音と母音のくぎり、■は1拍のポーズを表す。

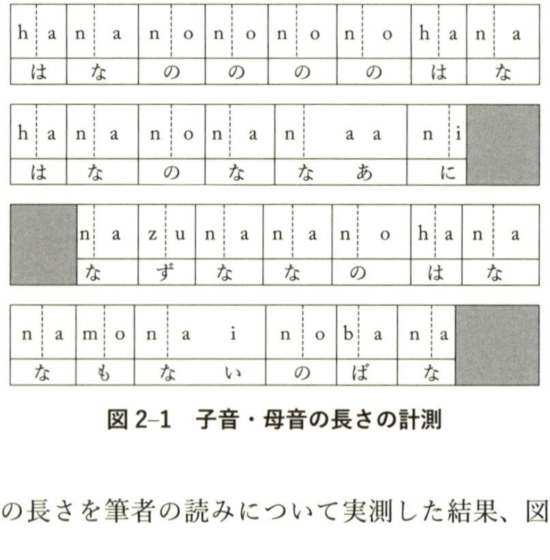

h	a	n	a	n	o	n	o	n	o	n	o	h	a	n	a
は	な	の	の	の	の	は	な

h	a	n	a	n	o	n	a	n	a	a	n	i	■
は	な	の	な	な	あ	に	■

■	n	a	z	u	n	a	n	a	n	o	h	a	n	a
■	な	ず	な	な	の	は	な

n	a	m	o	n	a	i	n	o	b	a	n	a	■
な	も	な	い	の	ば	な	■

図2–1　子音・母音の長さの計測

　子音と母音の長さを筆者の読みについて実測した結果、図2–1に示され

るように、それぞれの音と各行の長さは、ポーズの時間も含めると、きれいに四角の中に納まる。この場合は、「母音1個」か「子音＋母音」で1拍と数えるのと同様に、挿入されるポーズも1拍と見ることができる。

　次も谷川氏の詩からの引用である。

④　かっぱかっぱらった
　　かっぱらっぱかっぱらった
　　とってちってた

⑤　やんまにがした
　　ぐんまのとんま
　　さんまをやいて
　　あんまとたべた

ここには2タイプの例外的な音が見られる。
「っ」は促音、「ん」は撥音と呼ばれる。「っ」は実際には何も発音されないで1拍の休みが置かれるだけである。また、2拍「なに（何）」を3拍に伸ばした「なあに」などに見られる長音も1拍である。これらも「母音1個」や「子音＋母音」とほぼ同じ長さなので、1拍として数える。日本語ではかな1文字で表現できる音の長さを1拍として、言葉のリズムを作っている。
　日本の古くからある俳句や短歌も拍が基本である。いずれも5拍と7拍が効果的に使用される。言葉のリズムは散文の中でも生かされており、古いものでは『平家物語』などの口承文学や宮沢賢治の作品など多数見られる。
　このように、日本語のリズムは、言葉の長さを決まった拍の数に整えることで成立する。

2-2　英語のリズム

　外来語である「ストライク」や「ストレート」のリズムを数えると、それぞれ5つの拍からできていることがわかる。言い換えると、これらは5拍

語である。「ボオル」は3つの塊でできているから3拍語で、「にんぎょう」は4拍語である。

　では、日本語の「ストライク」と英語の strike のアクセントの違いはどこにあるだろうか。なお、ここでは、日本語は東京アクセントについて考えることとする。アクセントのある拍はその上部に線を加えることによって示した。

　英語の strı́ke、strái ght、では [i (aɪ)] [ai (eɪ)] がそれぞれひとまとまりの母音で、そこにアクセントがあり、前後に複数の子音がつく。日本語のように「母音1個」や「子音＋母音」といった単純なつくりとは根本的に違っている。つまり、英語では連続する母音は1単位として考える。英語の連続する母音「アイ」は「ア」「イ」という2つの母音からできているのではなく、[ai] という1つの母音である。日本語と英語では音のまとまりについての考え方が違う。

　リズムは、同じような長さの音のまとまりの反復で作られる。この点では日本語も英語も同じことだが、音のまとめ方に違いがある。日本語では、かなの数が増えれば言葉は長くなる。それに対して、英語の場合は文字が増えても長くなるとは限らず、部分的に速く言うことで調整が可能である。

　次の英語をリズムに乗って読んでみよう。①②③はそれぞれことばの長さがちがうが、時間的に同じ長さで読める。

①　One, two, three, four.
②　One and, two and, three and, four.
③　One of the teachers is coming to tea.

①	One,	two,	three,	four.
②	One and,	two and,	three and,	four.
③	One of the	teachers is,	coming to	tea.

　上段の One の長さも中段の One and と下段の One of the もほぼ同じ長さ（＝発話時間）である。上段の two は、中段の two and、下段の teachers is とほぼ同じ長さになり、上段の three は three and やその下の coming to とほぼ同じ長さになる。

このように部分的に速さを変えて発話時間を調節することが可能である。日本語では拍の長さは変えず文字数でリズムが整えられ、英語では語の長さ（＝速さ）を変えることによってリズムを整える点に大きな違いがある。

次の図 2–2 は英語の strike と日本語の「ストライク」を比較したものである。

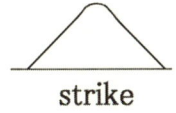

図 2–2　英語の strike と日本語のストライク

strike と straight はどちらも 1 音節である。1 音節は、1 個または数個の母音の前後に子音が数個ついて、これらがまとまって 1 つの音節を作る。日本語の場合、子音は「1 つの母音の前に 1 つ」が基本である。この点も英語との大きな違いだ。

コラム 2　無声拍にアクセントがある例とは？

普通、アクセントのある拍は無声化しない。たとえば、東京アクセントでは、「くさ(ku̥sa)草」「くせ(ku̥se)癖」「きた(ki̥ta)北」などは、第 1 母音は無声化し、第 2 拍にアクセントがある。ところが、関西では、「くさ(ku̥sa)草」「くせ(ku̥se)癖」「きた(ki̥ta)北」「しか(shi̥ka)鹿」「ふさ(fu̥sa)房」などは、アクセントは第 1 拍にある。ちょっと発音してみよう。それらは高年齢以外の若い世代では、**無声拍にアクセントがある例となる場合**が少なくない。では、なぜ声のない無声化母音にアクセントがおけるのか？　これについては、次第に謎解きをしていくことにしよう(第 5 章参照)。

第3章　日本語と英語の「音」と「声」

> 　言葉は「母音」と「子音」とでできている。大まかに言えば、日本語は、5つの母音と、各子音それぞれと組み合せて、類似の長さで発話され、その1つ1つは「拍」(mora、モラ又はモーラ) と呼ばれる。その一個又は数個の組み合わせで単語は作られている。
> 　一方、英語の場合は、母音または2連母音などの前後に子音が時には数個付いて「音節(syllable)」のまとまりを作る。この場合、1母音（あるいは2連母音など）にアクセントがおかれる。前後には複数の子音が続く例も少なくない。

3-1　携帯電話と五十音

　かな1文字の音が2つ以上に分けられるかどうか子供に聞くと、たいていこう答える。

「あ」「い」「う」「え」「お」などと同じように、「か」「さ」「た」「な」「は」などもひとまとまりで、これより細かくは分けられない。

　たしかに「あ」([a]) はこれ以上細かくは分けられないが、「か」「さ」「た」「な」などは、[ka] [sa] [ta] [na] のように子音と母音で成り立っているので、母音と子音に分けることができる。普通2つの要素からできているなどとは意識にのぼらないだけのことである。

　携帯電話では、次の図3-1からわかるように、1〜10の数字とともに五十音の各行のはじめの文字「あ」「か」「さ」「た」「な」「は」「ま」「や」「ら」(「わ／を／ん」) だけが出ていることが多い。押す回数で文字を選択し、

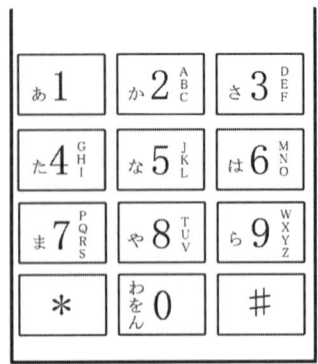

図 3-1　携帯電話のボタン

決定する。

　「さくら」ならば、「さ」を1度押して「さ」を選択し、「か」を3回押して「く」を選択し、「ら」を1回押して「ら」を選択すれば、「さくら」を表示することができる。こういうことができるのも、日本語が五十音図によって簡潔に整理されているおかげだ。

3-2　五十音図の値うち

　五十音は出席簿や電話帳など現在もいたるところで使われているが、その原型は平安時代にはすでに存在しており、これは古代インドのサンスクリット語の音図に基づいている。インドで仏教を布教した釈尊の教えを学ぼうと命がけで海を渡った日本の僧侶たちが、中国を経て持ち帰ったものの1つである。

　五十音図は母音を縦に、子音を横に並べて、その音の組合せを示している。いわば「音節一覧表」であり、日本語の拍の全体像を示している点で重要である。日本語の子音と母音の別が行と列で整理されていることは、日本語で物事を整理し順序立てる上で役立つ。各種の機器やコンピュータを利用して情報を整理するときも大きな役割を果たしている。

　また、五十音図は日本語の音声のしくみを明快に示しており、音声教育の

	w	r	y	m–p	n–t	s	k	子音	
								母音	
	wa	ra	ya	ma pa	na ta	sa	ka	あ	a
	wi	ri	yi	mi pi	ni ti	si	ki	い	i
	wu	ru	yu	mu pu	nu tu	su	ku	う	u
	we	re	ye	me pe	ne te	se	ke	え	e
	wo	ro	yo	mo po	no to	so	ko	お	o

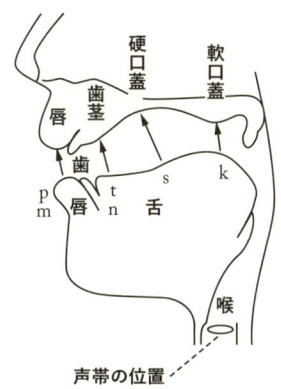

図 3–2　五十音図
子音、母音を合わせた五十音図は調音位置が後ろから前へと合理的に配列

基礎資料としても有効である。小学校での国語教育や外国人などを対象とする日本語教育などに先立ち、母音と子音との関係を説明するのにも利用できる。

さらに、母音を縦に、子音を横に並べた表形式になっているので、音声指導にも優れた教材となりうる。子供の年齢に合った合理的で楽しい教え方が工夫できる。まずは子供たちが楽しく口や舌を動かし、声を出して音のしくみがわかるように工夫する必要がある。暗記でなく、「なるほど」と納得すれば楽しくなり、身につくことになる。これが大切だ。

母音では、重要な3母音を前に、その他の2母音を後ろに配置している。子音では、発音のときの舌の位置が後ろのものから前のものへと配列している。そういう意味でも、五十音図は優れた資料である。文字を教えるためだけと考えられているならば宝の持ち腐れであり、国語教育上の大きな損失であると言っても過言ではない。

3–3　五十音図のしくみ

五十音図では縦列に母音が並べられている。先述したように、重要な母音である「あ」「い」「う」を前に、中間的な音である「え」「お」は後ろに配

置している。横列は、「あ」から出発して「か [ka]」「さ [sa]」「た [ta]」「な [na]」「は [pa]」「ま [ma]」の順つまり、子音を作るときに舌の奥が上がる「か」から舌の中などが上がる「さ」、次は舌の前の方を上げる「た」、同じく「な」、次は「は」「ま」「や」「ら」「わ」と続く。

ハ行これは現在では [h] であるが、古くは弱い [p]（または [f] に近いような音）だったと推定される。ここでは [p] として表す。

そのことを如実に示した次の資料がある。

「母には二度あひたれども、父には一度もあはず」（後奈良院御撰『何曽（なぞ）』1516 年）

「母には 2 度会うが、父には 1 度も会わない」というのが何を表しているかわかるだろうか。

答えは「唇」である。「はは」と言うときには唇を 2 度合わせるが、「ちち」と言うときには唇を合わせない、ということである。ここから、この頃の「母」は「ぱぱ」に近い発音であったと考えられる。付け加えるなら、「papa の papa」（母の母）が baba（ばば、婆）であり、「父の父」が「じじ（ぢぢ・爺）」である。

子音の配列にも意味がある。発話するときの舌の位置がもっとも後ろになる [k]（カ行音）からはじまり、[s] [t] [n] [p] [m] のように、上顎につく舌の位置が奥から前方へと配列されている。実際に発音してこれを実感してほしい。

[k]（カ行音）は舌の奥で作る。[s]（サ行音）は歯茎の部分を狭くして息を摩擦させる。[t]（タ行音）と [n]（ナ行音、鼻音）は、同じ位置で音を作る。ハ行の発音は、もとは [p] の唇の音。「かさたなぱま」のそれぞれの行の音は、音を作るときの舌の位置が口内の奥から前へと並べられていることになる。

ヤ行、ラ行、ワ行はいわば付録である。[y] [w] は母音に近いということで半母音と呼ばれる。[y] は比較的奥のほうに舌が動き、「い」の口の構えで次の音「あ」へすぐ移動する。「わ」は唇を「う」の形からすぐ「あ」の形へと動かす唇音である。どれも 5 つの音がそろっていない。[r] は歯茎を舌

先で軽く弾く音である。

　この3つの音「や」「ら」「わ」も、調音点がやや後ろの「や」、歯茎の弾き音「ら」、唇音の「わ」というように、後ろから前へと配列されている。

3-4　日本語アクセントとその記号

　以下に示すものは日本語のアクセント記号である。
　下記の文字の上の線は、そこがアクセントによって高いことを、'印はそれを境として次が低くなることを示す。○印は1母音、または1子音＋1母音で構成される1拍を、●印はそこにアクセントがあることを示す。

例：　　あさひ　→　あ'さひ、○'○○、●○○、高低低
　　　　さくら　→　さくら、○○○、○●●、低高高
　　　　あした　→　あした'は、○○○'、○●●、低高高

　方言により、○の内部に下降、上昇がある場合、◐、◑のように示すことがある。

例：　　あめ　→　○◐

　「あめ(雨)は高低型です」と言うと、「あ」は高く「め」は低くなり、階段を降りるように「あ↓め」(高低)のように考えがちだ。同様に「飴」は階段を上がるように「あ↑め」(低高)のように低から高へと変化していると考えがちだ。耳ではそう聞こえたとしても、人間が話す音声は声の高さを急に変化させることはできない。急に変化しているように聞こえるのは、その時間があまりに短いからであり、くわしく観察すれば徐々に上下運動していることが確認できる。
　なお、1拍語にも関西方言には次のような例がある。
え(柄)え　→　●、高
え(餌)え　→　◐、下降

え(絵)え́ → ◐、上昇

3-5 英語の音とアルファベット

日本語の音は「母音1個」か「子音＋母音」という単純な構造だが、英語の単語は子音が連続することが多いので複雑である。

英語では、日本語母音に対応するアルファベットは5個ある。a、e、i、o、u で、この配列はアルファベットに出てくる順番である。英語の母音は、短母音を中心に並べても、

[ɑ] [ɔ] [ə] [ʌ] [æ] [e] [ɛ] [i] [ɪ] [u] [o]

と、日本語よりはるかに多いことが実感できる。日本語では同じ音としているものが、英語では区別されていたりするため、日本語話者にとってはたいそう紛らわしい。

以下に、これらの発音を含む単語を示す。

[ɑ] hot (米語)　　[ɔ] hot (英語)　　[ə] brother　　[ʌ] cut
[æ] hat　　　　　[e] best　　　　　[ɛ] area　　　[i] study
[ɪ] kid　　　　　[u] book　　　　　[o (u)] low

日本人の英語学習者の発音は一般に子音が弱い。日本語は英語より子音の持続時間が短く、その上弱いから、日本語話者は英語を話すとき、子音を意識して明瞭に発音する必要がある。子音が連続する場合は、とくに個々の子音を明瞭に発音するように注意したほうがよい。strike ならば、[str] と子音が連続する部分の、[s] [t] [r] それぞれの子音が明瞭に聞こえるようにしかも続けて言う。また、終りの [k] などもしっかり破裂させよう。

3-6 英語アクセントの特徴と記号

一般に、強勢(´)と副次強勢(`)とに分けられる。例えば、intonátion のように付され、これらと無標記の場合とを合わせれば3段階の表記になる。

また、強勢の強さを 4 段階とする考え方もある (Bloch and Trager (1942)；Trager and Smith (1951))。

第 1 強勢— primary stress (´)
第 2 強勢— secondary stress (ˆ)
第 3 強勢— tertiary stress (`)
第 4 強勢— weak stress (˘)

óbjĕct、ŏbjéct、cóntènt（内容）、cŏntént（満足、満足させる）には、第 1 強勢、第 3 強勢、第 4 強勢が、また、語群の場合には tâll bóys のように第 2 強勢と第 1 強勢が用いられる。ただし、本書では 4 段階の考え方はとらず、強勢と副次強勢 2 つの記号を使うこととする。

　日本語でも英語でも、発話された音の 1 つ 1 つはごく短いようだが、それぞれ固有の長さがある。ごくわずかな時間で声の高さは変動する。その動きを見ることの重要さが、実験の結果から明らかになってくる。

コラム 3　舌遊び

　"str, str, str"、これだけでも馴れれば平気。そこで、歩きながらでも、電車待ちのちょっとした時間でも「舌遊び」をおすすめしましょう。"str, str, str, strike" "cut it! put it! take it!"

第4章 日本語アクセントの歴史および、英語アクセントの研究小史

「アクセント」という言葉はカタカナで書くほかない外来語だ。しかし、平安時代の日本語のアクセントも、古辞書に付された「声点」(アクセント記号)により、ある程度明らかにされている。また、アクセントの歴史的、地域的対応関係も示された。それらは20世紀における日本語の重要な研究である。

一方、アクセントの本質については、日本語は高低アクセントであり、英語は強弱アクセントだというのが常識のようになっている。では、両者のアクセントは、どのように違うというのであろうか、それについて学んだことがあったろうか。日本語と英語のアクセントの違いの有無、それが、この書で明らかにすべき問題点だ。

4-1 日本語の方言アクセントと歴史

童話にもなっている『一休さん』に、次のような逸話がある。

> 一休さんが橋を渡ろうとすると「このはしわたるべからず」という立て札がありました。一休さんは、これをいたずらっ子の仕業と見て、「橋」の「端」でなく真中を堂々と渡りました。

話しことばならば「橋を」と「端を」とはアクセントが違うので区別される。「橋を」は「シ」だけを高く言うが、「端を」ははじめがやや低く、後をやや高く平坦に言う。

どの部分を高く言うかで言葉の意味が決まる。私たちは声の高さを変えることによって単語の意味を区別している。

上記は東京アクセントの例だが、アクセントは地域によって違う。『一休さん』の活躍の舞台は京都であるから、「橋」のアクセントははじめを高

く、「このハシ(＝橋)わたるべからず。」、一方、「端」は「はし」全体を高く「このハシ(＝端)わたるべからず」のように言われたはずだ。京都をはじめ、関西のアクセントは、現在も、「ハシヲ(橋)ヲ」「ハシヲ(端)」のように言う。

　アクセントには一定の規則がある。各地域についてそれがわかれば、ある程度は自由に他のアクセントに変えることができるようになるはずだ。しかし、それは意外に困難だ。

　アクセント研究では、古くは平安時代末期のアクセントを記述した辞書『類聚名義抄(るいじゅうみょうぎしょう)』が有名だが、現在は、日本語アクセントの歴史的・地域的な対応関係も明らかにされている(金田一、1944 ほか)。

　そのカギともいうべきものが「類別語彙(るいべつごい)」と呼ばれる単語のグループ分けだ。かなで2文字の単語はアクセントの違いによって5グループに分けられる。各地のアクセントはこの5つのグループに大別できる。

　「風」「端」は第1グループに、「音」「橋」は第2グループ、「花」「足」は第3グループ、「松」「箸」は第4グループ、「雨」「秋」などは第5グループに属す。各グループに属する単語はどこの地域でもそれぞれ大体同じアクセントで言う。その理由はいまだにわかっていない。以下にはそれぞれのグループに属する単語と用例を示す。

グループ	単語	用例
第1グループ(第1類)	風、鼻、端、水、口、海老(えび)	「風が強い」
第2グループ(第2類)	音、橋、紙、石、歌、川	「音が聞こえる」
第3グループ(第3類)	花、色、犬、足、親、山	「花が咲いている」
第4グループ(第4類)	松、箸、肩、船、帯、空	「松が見える」
第5グループ(第5類)	雨、鍋、猿、秋、声、春	「雨が降る」

　図4–1に地域ごとのアクセント型を大まかに示した。

　(1)は東京アクセント、(2)は関西アクセントの地域である。(3)は二型アクセント地域で、単語の拍数にかかわらず、アクセントは2種類しかない地域である。(4)は無型アクセントで、アクセントが各単語について決まっ

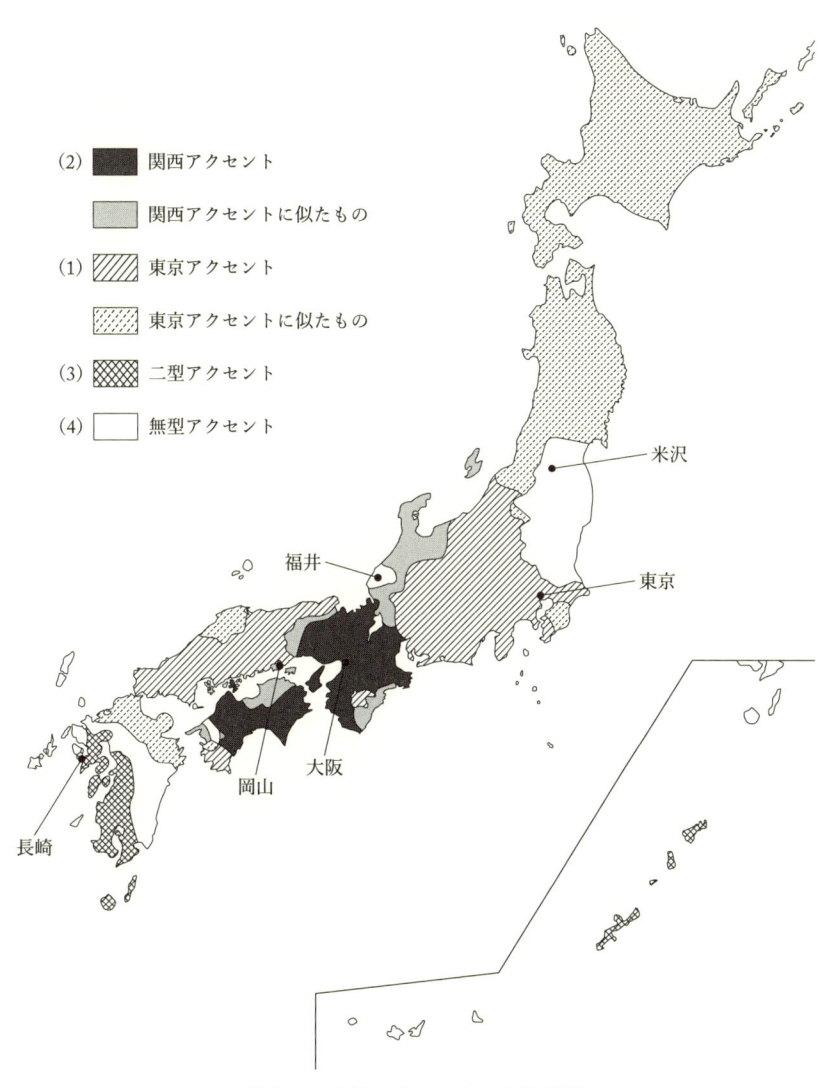

図 4-1 方言アクセントの分布地図
図中の都市名は、アクセント知覚の方言差を調べた都市(第7章参照)

ていない。つまり、乱暴に言ってしまえば、どのようなアクセントで発話してもいいという地域である。

異なるアクセント型の地域の代表として、東京、関西、鹿児島の各アクセント例を示す。

（1） 東京のアクセント
　　　第1類「カ￣ゼガ強い」（カ￣ゼ＝風）
　　　第2類「オ￣トガ聞こえる」（オ￣ト＝音）
　　　第3類「ハ￣ナガ咲いている」（ハ￣ナ＝花）
　　　第4類「￣マツガ見える」（￣マツ＝松）
　　　第5類「￣アメガ降る」（￣アメ＝雨）

「風」では「か」より「ぜ」が少し高い。「音」では「と」が高く、「花」も「な」が高い。単語だけ言うときは「は￣な」「お￣と」と前をやや低く、後ろをやや高く言う。第2類は「が」をつけると「ハ￣ナが」「オ￣トが」、第1類は「カ￣ゼが」「ハ￣シが(端が)」となる。「松」は「ま」を「雨」では「あ」を高く言う。

図4-1が示すように、東京アクセントに類するアクセントは、かなり広範囲の地域で使用されている。

（2） 関西のアクセント
　　　第1類「￣カゼつよい」（￣カゼ＝風）￣カゼガ
　　　第2類「￣オト聞こえる」（￣オト＝音）￣オトガ
　　　第3類「￣ハナ咲いてる」（￣ハナ＝花）￣ハナガ
　　　第4類「マ￣ツ見える」（マ￣ツ＝松）マ￣ツガ
　　　第5類「ア￣メ降る」（ア↘メ＝雨）ア￣メガ

関西の平板アクセントは、はじめから終わりまで高い。第1類「￣カゼが強い」、第2類「￣オト(音)」、第3類「￣ハナ(花)」は前が高く後ろが低くなる。高いところが東京とは反対のようになる。

「マツ」のように低く始まる型ではツを高く言うが、文中では「マツガ」のようにアクセントが後ろへずれる。同じように低く始まる「アメ(雨)」は「アメェ」のようにはじめ声を低く出し、第2拍目のはじめを高く言い、すぐに声を下げる(下降音調)。

文に入ると「アメガ」のようにメを高く言う。「アメ」のような重要なアクセントが若い世代では残念ながら「アメ(低高)」に変化している。

なお、関西のアクセントは、日本語の旧標準アクセントともいうべきものだ。

(3) 鹿児島方言のアクセント
　　第1類「カゼのつよか(強い)」(カゼ＝風)
　　第2類「オトのすう(する)」(オト＝音)
　　第3類「ハナのせちょ(咲いちょる)」(ハナ＝花)
　　第4類「マツのみゆ(見える)」(マツ＝松)
　　第5類「アメのふっ(降る)」(アメ＝雨)

アクセントは2種類だけで、第1類と第2類が同じアクセント、第2拍がやや高く、後ろは下がる。第3類以降は異なり、線のあるところが少し高くなる。

「つよか」「すう」に注目すると、文中と単語とでアクセントが違う。文中ではどれも高いところが1つずつずれる。面白いことに、鹿児島や長崎では長い単語でもアクセントは2種類だけだ。

(4) 無型アクセント
　　上記のような単語による声の高さの決まりがなく、どのようなアクセントで言っても意味の区別とは関係がないという地域である。地図(図4-1)の白い地域が該当する。

> **コラム4　ドラマの人々のアクセント**
> **──関西のアクセントと平安時代のアクセント**

　京都、大阪、奈良、和歌山など関西のアクセントは、平安時代の、政治の中心地域のアクセントをよく保っている。もしも、紫式部が千年の時空を超えて、自分の書いた源氏物語を声に出して語るとしたら、そのアクセントはほぼ現在の関西アクセントに近いはずだ。関西アクセントは長年の間、いわば、日本の標準アクセントであった。また、たとえば明治時代前後の歴史を語るドラマの場合ならば、長州の人々は東京アクセントで代用でき、薩摩の西郷、大久保は鹿児島の2型アクセント、坂本竜馬は高知アクセント（ここは関西アクセント、このアクセントを古代のアクセントを保つ「日本語のサンスクリット」と、ポリヴァーノフは呼んだ）。公卿はみな当時の標準語つまり関西アクセント。徳川慶喜は江戸で、東京アクセントとしよう。それぞれの地域の人々の会話も、おおまかには、さきの、方言アクセントのようなアクセントで語られたはずだ。このような言葉の地域差は同時に明治時代の人物が各地域を背負って立つエネルギー源になっていたかもしれない。

表 4-1　日本語アクセントの歴史的、地域的対応関係

	所属単語	京都・大阪・奈良 古代	京都・大阪・奈良 現代	東京	鹿児島 長崎
第1類	飴・風・端 鼻・姉・牛 枝・柿・庭 箱・口・水	アメ HH 飴	アメ HH (アメガ)	アメ ⓪ (アメガ)	アメ (アメガ)
第2類	蝉・村・橋 石・歌・垣 川・音・冬 町・雪・牙	セミ HL 蝉			
第3類	花・波・池 垢・家・色 岸・草・櫛 耳・山・雲	ハナ LL 花	ハナ HL (ハナガ)	ハナ ② (ハナガ)	アメ (アメガ)
第4類	海・息・箸 板・今日・糸 稲・船・空 針・松・何	ウミ LH 海	ウミ LH (ウミガ)	アメ ① (アメガ)	アメ (アメガ)
第5類	雨・声・琴 鶴・春・窓 蜘蛛・朝・赤 猿・秋・牡蠣	アメ LD 雨	アメ LD (アメガ)		

表中の声点（アクセント記号）の意味

●□ → 高　（ ō ）
□ → 低　（ o ）
●□ → 下降（ ô ）

4-2　音声波形をどう見るか

　現在、分析ソフトを用いて、コンピュータで音声を録音すれば、簡単に音声波形を得ることができる。これをピッチ曲線に変えようとすれば、即座に可能であり、声の高さが実際どう変化しているか観察できる（SUGI Speech Analizer, 1995）。現在ならすぐできることであるが、その場合は、物事の本質は見えてこないようにも思われる。

　そこで、「音声波形」そのものから、各音を読み取り、波形の観察から始めて、長さ、強さ、声の高さまで、目と手を使い1つ1つ解いていく。そ

の入口からちょっと説明しよう。なぜなら、これは、物事の本質を知る上で大事なことだったと、筆者はそう思うからだ。

　図4-2は東京アクセントの「アメ」(雨)と「アメ」(飴)の音声波形である。黒い矢印で、各波形のピークを示した。波形の下左に「間隔、T(mm)」と書いたところは、各波形のピークの間、つまり各波長を測った長さである。その長さを測って逆数をとれば、その部分の高さの値(Hz)が出る。こうして、1つ1つの波長を測って、Hzの値に変えた。

　1つ目の波形のピークと3つの波長を隔てた4つ目の波形のピークとの比の値(Hzの値)を観察すれば、声の高さが上がっているか、下がっている

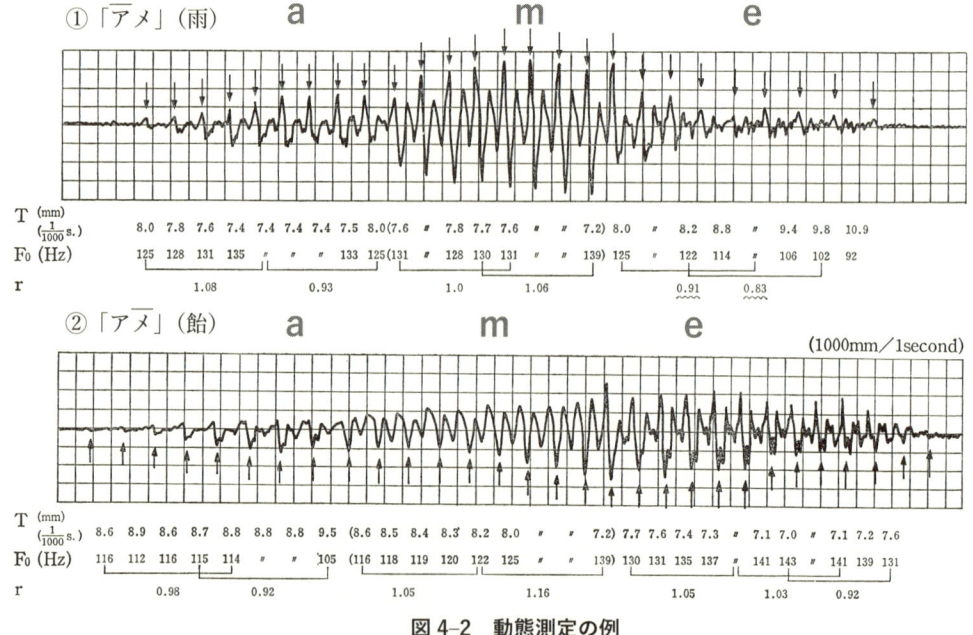

① 「アメ」(雨)　　a　　　　　m　　　　　e

T (mm) (1/1000 s.)　8.0 7.8 7.6 7.4 7.4 7.4 7.4 7.5 8.0(7.6 〃 7.8 7.7 7.6　〃　7.2) 8.0 〃 8.2 8.8　　9.4 9.8 10.9
F₀ (Hz)　　　　　125 128 131 135 〃 〃 〃 133 125(131 〃 128 130 131 〃 139) 125 〃 122 114　　106 102 92
r　　　　　　　　　　　1.08　　　0.93　　　　1.0　　1.06　　　　　0.91　0.83

② 「アメ」(飴)　　a　　　　　m　　　　　e　　　　　　(1000mm／1second)

T (mm) (1/1000 s.)　8.6 8.9 8.6 8.7 8.8 8.8 8.8 9.5 (8.6 8.5 8.4 8.3 8.2 8.0 〃 7.2) 7.7 7.6 7.4 7.3　7.1 7.0 〃 7.1 7.2 7.6
F₀ (Hz)　　　　　116 112 116 115 114 〃 〃 105 (116 118 119 120 122 125 〃 139) 130 131 135 137　141 143 〃 141 139 131
r　　　　　　　　　　0.98　　0.92　　　　1.05　　　　1.16　　　　　1.05　　1.03　0.92

図4-2　動態測定の例

　動態測定の例—「音声波形」から [a-m-e] の母音、子音を読み取り、各波長を読み取って、ピッチを抽出する。
　①は「アメ」(雨)、②は「アメ」(飴)で、黒い矢印は音声波型の周期を示す。その間隔(T)の逆数がF0、つまり基本周波数(単位はヘルツ(Hz))である。rは3波形を隔てた基本周波数の差(比)を示している。①「アメ」では矢印の間隔が末尾で広くなる。②「アメ」では次第に狭くなり、前者の場合は後半が下降、後者の後半は上昇音調である。

か、平坦であるかが一目でわかる。なお、その値が何割になるかその数値を見れば、この曲線がどの程度下降しているか上昇しているかがわかる。1つ1つの単語について声の高さの変化の実態を知ることにより、アクセントの本質を把握したいと考えたものであった。

音波波形の周期の間隔が狭いところは声帯が速く振動しているので、声の高い部分である。逆に、間隔が広いところは声が低い部分である。「アメ」では矢印の間隔が末尾でやや広くなり、「アメ」では次第に狭くなる。前者の場合は後半が下降音調、後者の場合は後半がやや上昇音調である。

高さの単位は Hz（ヘルツ）で、これは基本周波数（F0）と呼ばれ、1秒間に声帯が何回振動するかを示す。なお、高さの差は「ピッチ」と呼ばれるので、音声波形から得られた声の高さの差を示した曲線は「ピッチ曲線」（正確には基本周波数曲線）と呼ばれる。

次の、図4-3は、東京出身者の発話による「雨」「飴」の音声波形（上図）とピッチ曲線（下図）である。

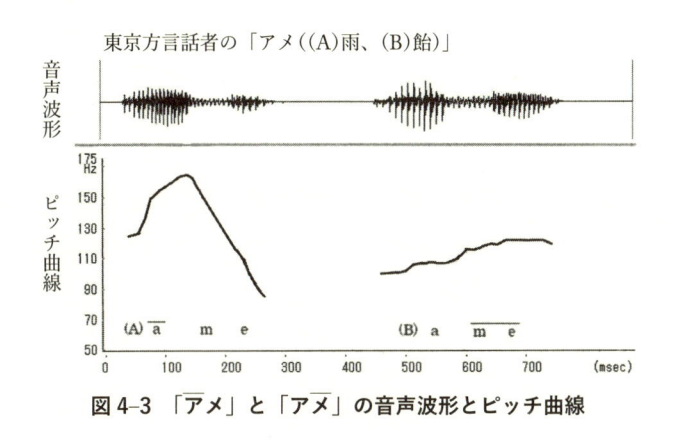

図 4-3 「アメ」と「アメ」の音声波形とピッチ曲線

[ame] の場合は [m] が有声子音なので、ピッチ曲線は連続している。

コラム5　十津川村のアクセント

　話は突然、古代へともどるが——縄文時代の日本列島にも人々は住んでいた。数世紀もの間には、北から南へと南下してきた人々もあったであろう。また、はるか南の海を北上してきた人々もあったであろう。さらに、後からやって来て、為政者となった人々もあり、その人々は、あるいは、中国か朝鮮半島を経たであろうか？　関西地域に多く住み着いたものか。ここにたびたび登場した「アメェ」のようなアクセントはそのような流れの中にあったようにも思われる。

　かつて都として栄えた奈良県には、南北に長く延びて日本一広い面積を持つ村、「十津川村」がある。そこには、長い吊り橋があり、足も竦んで一歩も先へは行けないようなはるか下に渓流が見える。かつて、川幅がやや狭いところでは「野猿(やえん)」と呼ばれる蔓で編んだ籠が、谷を隔てた向こう側に人や荷物を運んだといわれる、そのような秘境である。

　はじめて十津川村に行ったとき、そこで聞いた古老の言葉は、なんと北関東や東北地方で聞いたことのあるような、われらの先祖という感じの声だった。それは、東京アクセントの日本語だった（この地が東京アクセントであることはかつて東大の藤岡勝二教授が見出したことだ）。このような言葉は日本海側にも、また、中部地方を経て関東、東北のほうへも、日本の東西に広がっている。一方、十津川はかつての中央地域の近傍にあるが、谷深く非常な僻地なので、そういうところに元の言語が残るというのは自然なことだろうと思われる。後に為政者となる人々がやって来ても、谷深いここには元のものが残ったといっても不思議ではないだろう。ここは、かつて、神武天皇が3本足の烏(からす)の先導で北上されたと物語られるその地なのである。

　関西のアクセントは従来、日本語の原型で、それが広がり、変化して東京アクセント等になっていったと、かつて学者が描いたような、変化なり伝播の仕方ではなかったのではないか、これがそのとき直感的に感じたことであった。

4–3 従来の、アクセントの考え方とその実態

　日本語と英語のアクセントとの違いについては、かつては次のような説明が典型的な例として考えられていた。どこが違うか、下記の文章の中から問題点をあげて、その下に示してみよう。

> 「箸」は第1拍にアクセントがあり高い。後ろの拍を高く言えば「橋」になる。また、coffee の第2音節を徐々に音を上昇調で発音すれば問いになる。強さは第1音節にある。Coffee? では第2音節が高く第1音節が強い。このように、日本語は高低アクセント、英語は強弱アクセントである。（金田一、1967）

　上記の説明は、今日から見れば高さと強さを混同している（実態については、図4–4を参照されたい。）。
　「Coffee? では第2音節が高く第1音節が強い」とあるが、第2音節は単に「高く」ではなく、徐々に高くなっている。つまり、「上昇調」の、「問いのイントネーション」である。また、**この場合、coffee の第1音節 co は高いが、強いとは限らない。**
　日本語の「箸」と「橋」、「箸？」と「橋？」、英語の単語アクセントの位置を後ろに移した場合、つまり、cóffee [káfi] と [kafi]、coffee? [káfi] と [kafi] などの母音の音調は、日本語の場合と同様、母音を発音しているわずか 5/1000 ～ 10/1000 秒間に声の高さが変化している。
　第2音節にアクセントを置いた場合には、第2音節の母音は声が上昇したのち下がる。cóffee と cofféé? の違いはとくに第2音節の音調にある。
　図4–4の、(1)はⓐ「箸」とⓑ「箸？」の違い、(2)はⓐ「橋」ⓑ「橋？」の違い、(3)英語の例では、ⓐ coffee と、ⓑ coffee? の違いを示している。
　「箸」と「箸？」を比べると、「箸（はし）」に対して問いは「はしイ」となる。この場合は、終わりの「イ」が上昇する問いのイントネーションである。これは、「高低高」ではなく、上昇の「昇」を用いて「高低昇」とすべきものであろう。

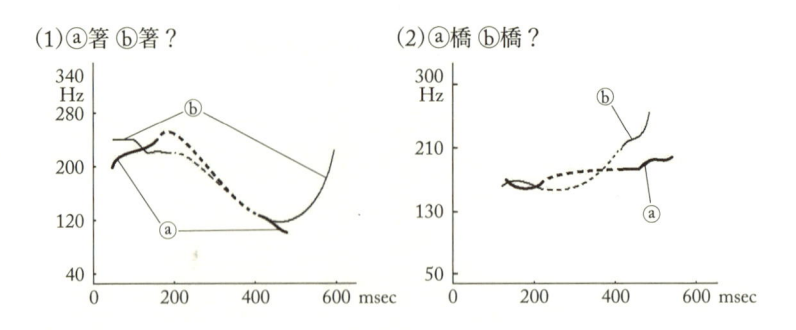

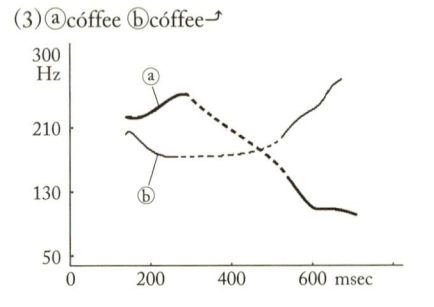

(1) ⓐ箸 ⓑ箸？
(2) ⓐ橋 ⓑ橋？
(3) ⓐcóffee ⓑcóffee↗

図4-4 日本語と英語のアクセントとイントネーション

日本語(東京アクセント)(1)ⓐ「箸」ⓑ「箸？」 (2)ⓐ「橋」ⓑ「橋？」
英語(3)ⓐ "cóffee" ⓑ "cóffee?"

「橋」を問いにした場合は、「はし」(低昇)のように第2拍母音が上昇する。単語のアクセントの場合も、アクセントによる高い部分が第2拍にあるが、問いの場合は最後の拍の母音全体が次第に上昇する。

コラム6 アクセントとイントネーション

　単語について決まっているアクセントについては、乳幼児期に脳の中に意味を伴う語音を記憶に入れる段階で早くから獲得されるであろう。何か意味のある言葉、つまり、単語のように何らかの意味をあらわす音の一塊を記憶にいれるときに、アクセントはその単語について決まっている型として同時に記憶され、脳裏に定着するものと思われる。声に出して何か言うときに、

アクセントもそれに伴って発話される。この時、乳幼児が言葉の音やアクセントを言い間違えたり、これに気付いて言い直しをしたりすることがある。その実態についても調べたが、これも乳幼児の発話音声から明らかである（杉藤、2005）。一方、イントネーションの方は、単語のアクセントとは違って、発話のたびに異なる。その時の感情、話し手の意図、細かいニュアンスの違いなどが発話ごとに変わり、それにより声の高さも変化する。（このとき、単語アクセントの方は変化しない）。イントネーションは、話し手の心が語る真意として、聞き手に伝わる。問いの場合文末が上り調子になる言語が多いが、その声の高さの変化なども、先にものべたようにイントネーションと呼ばれる。

4-4 「花籠」と「花／籠」、"tall boys" と "tall, boys" のちがい

　ここで、ことばが連続する場合と区切りがある場合との違いについて観察しよう。たとえば、「花籠」という複合語と、「花／籠」のように区切りがある場合とではどこが違うか。これについては、かつては「後に続く語の最初が強いかどうかでわかる」とされてきた（服部、1960）。が、この種の多数の場合について実測した結果は、強さではなく、後に続く言葉の声の高さの変化の仕方によって決まる（杉藤、1996a, b）。

　「花籠」の場合は、「花」の na が高く、「籠」は段々に声が下がる。2 語の間に区切りがある場合は、先行単語「はな」の na は高く、「かご」の ka は低く、go の母音は平坦または上昇するが、下降はしない。「花籠」のように連続する場合は、「かご」の ka 以後が下降調になる。この場合は「はなかご」の na にアクセントがある（杉藤、1973）。

　tall boys「背の高い少年」と tall, boys のように 2 単語の間に区切りがある場合とでは、どう違うか。

　tall で声を上げ、boys で声を下げると 2 単語は連続して聞こえ、tall と

boys の間に区切りがある場合には、tall も boys もはじめをやや高く、終りをそれぞれ低めて言う。区切りと連続の区別は音調の動態による点で日本語の場合も英語の場合も同様である。多数の例を実測してみると、アクセントは、強さではなく高さによって区別されることがわかる。母音が下降音調の場合は、英語の場合も、日本語の場合と同様に、その前の音節にアクセントがあると聞き取る。それゆえ、過去においてのべられてきたように、「日本語は高低アクセント、英語は強弱アクセント」などと単純に結論を出すことはできない。

次に、英語アクセントについては、これまで、それがどういうものであると考えられてきたのか、従来の研究を整理して、その概略を示すことにしよう。

4-5 英語アクセントの研究小史

(1) 知覚的 loudness、音声波形の振幅、発話の強さ

多くの言語学者はアクセントを知覚的 loudness と考えた。そのほかに、アクセントを音声波形の振幅と考えたのがアメリカの Bloomfield (1933) である。Jones (1909, 1932)、Palmer and Blandford (1924)、Armstrong (1926) などは、アクセントを force of utterance（発話の強さ）、または breath force（呼気の強さ）と考えた。

Jones (1909) は朗読したレコードを用いて各音節の高さを比較し、時間関係の記述を行っている。アクセントとイントネーションとは調音レベルで独立したものとして明確に区別した。また、アクセントの知覚が、自己の発話を参照して行われるとの見解をのべている (Jones, 1932)。これはのちに行われる「合成による分析」(Stevens, 1960) の考え方の始まりと言えよう。

(2) 持続時間

しかし、Fry (1955) や Bolinger (1958) の実験によって「アクセントやプロミネンス（強調）は強さである」という考え方に疑いが持たれるようになっ

た。

　先ず、Fry は óbject と objéct や cóntract と contráct などアクセントで対をなす単語の、各語音の持続時間と音声波形の振幅とを測定した。その結果に基づき知覚実験を行った結果、持続時間も波形の振幅もアクセントを知覚する決め手になるが、持続時間のほうが重要であることを明らかにした。object の [ɔ] あるいは [e] を長くすることにより、一方を óbject、他方を objéct と知覚するというのである。この実験によって、持続時間の長短がアクセントの決め手になるという考え方を人々に与えることになり、これが普及した。

（3）　高さ

　Bolinger（1958）は、実験により、音の高さが英語のアクセントの決め手であるという結論を導いた。B*reak both apart.* などの表現で、母音を大きくした場合と、音を高くした場合など合成音声を用いた実験を試みている。その結果、アクセントの知覚には、高さのほうが音の強度よりもより有効であると説明している。アクセントのある音節を際だたせる要因は、高さの顕著さであって、そこへ少々余分な持続時間とやや余分な強さとを加えたものがアクセントであるとのべている。

（4）　コンピュータによる分析と合成

　コンピュータの進歩によって音声分析や音声合成などの技術は進歩を遂げたが、音声の自動認識の研究が進むに従って、音響学から地道な音声研究が進められ、人間の音声が言語学的な記号と単純には対応していないことが明らかになった。単語アクセントに関する見解も、単に強さと見るのではなく、音の持続時間、高低、音質などに研究の関心が移ってきている感がある。

　Lindblom（1963）はアクセントが音の持続時間と母音の音質によって決まると考えた。アクセントのない母音は持続時間が短く、母音の質を決定する特徴がまだ目標値に至る前に次の調音が始まるため、「母音の中性化」が生じるとしている。

Liberman (1967) は、アクセントの知覚には、母音の持続時間や音の高低、振幅のいずれもが影響を与えるが、高さを第1の要因だと考えた。
　音声の知覚については、神経指令のレベルで自らの調音を参照する「調音参照説」(Liberman and Cooper, 1962) が唱えられた。また、音声を聴取し認識する過程に関して、Analysis-by-Synthesis（合成による分析）のモデルの設定 (Stevens, 1960) も行われている。この考え方に基づいて、音声の発話機構をモデル化することにより、音声を合成して知覚を確かめるという手段がとられるようになった。
　アクセントに関する研究の例としては、Öhman (1967) が、スウェーデン語の方言アクセントに関して、高低による発話機構のモデルを設定して音響的説明を行っている。英語のアクセントに関しては、合成音声のアクセントに関する規則に高さを主な要素として採用した例もあり (Mattingly, 1966)、高さを最も重要とする提案をした例もある (Cheung, Holden, Manifie, 1977)。
　次には日本語アクセントの特徴ある現象について説明しよう。

第5章 「おそ下がり」と
　　　　「無声拍にアクセント」

> 　日本語が高さアクセントかどうかについてはいくつかの意見があった。とくに問題となった「おそ下がり」や「無声拍にアクセントがある」などの場合はどう考えればよいのだろうか。
> 　実験資料を作成して高さの時間的な変化を観察すると問題の実態が見えてくる。結局、日本語は高さアクセントに違いない。では、例外的な場合をも説明ができるかそれが問題となる。

5-1 「日本語は高低アクセント」、それは本当か？

　日本語は高低アクセント（高さアクセント）であると言われてきたが、そう言い切るには例外が多すぎるという論もあった。

　これまでの主な研究の中で、まず挙げるべきは母音の研究で世界的に知られた千葉勉・梶山正登（1942）の、もう一つの研究だろう。氏は、9つの言語の単語と文について、音の高さと強さの実験を行った。そして、日本語も外国語の場合と同様に、高さだけでなく強さも考慮しなければならないと結論づけた（千葉、1935）。

　次に注目すべきは、ネウストプニの「おそ下がり」論であった。そこでは、「日本語アクセントの本質は、かつて1度も実験によって証明されたことがないということに留意する必要がある」と前置きして、次のようにのべている。

> 　実験を行って調べると、「おそ下がり」などの例が多すぎる。つまり、アクセントがある拍よりも、その次の拍のほうが高いという例が多い。だから、日本語のアクセントは、高さでは解決できない。千葉氏の説の

ように、強さを考えに入れる必要がある。(Neustupný, 1966)

　この問題については、当時、氏の論文が音声学会誌に載る予定であったので、それを読んだ上で議論してほしい」と筆者はかつて氏から言われた。「おそ下がり」については、次のような論もあった。「東京アクセントでは第1拍が「高」でなければ「低」だ。この形状素性に負けて、単語の初めが低くなる。これが「おそ下がり」である」(藤村, 1967) と。しかし、実際にはそのようなアクセント規則を持たない関西アクセントでも「おそ下がり」が見られる。頭高アクセントの「くさ(草)」「くせ(癖)」「した(舌)」など多くの単語の発話に「おそ下がり」が観察される。

　無声拍にアクセントがある現象は、かつて説明不可能とされてきた。たとえば「はし(橋)と川」と言うときの「し」は、東京アクセントでは無声拍になる。声帯振動のない無声拍にアクセントがある現象は、かつては後続する母音が下降調になることが問題とされたことがあったが、佐久間鼎(1929)の実験によってこれは否定された。
　以上から、次の2点の問題が浮かび上がる。

（1）「おそ下がり」例が多いから「日本語は高低アクセントとは言えない」のは本当か。「無声拍にアクセントがある場合」についてはどう考えればよいか。
（2）このほかに、アクセントについて考えるときは、音の高さだけでなく、音の強さを考慮する必要があるというのは本当か。

5-2　「おそ下がり」とは何か——強さが原因か？

　「おそ下がり」に関しては、ネウストプニの、「実験の結果、日本語には『おそ下がり』の例が多いから、日本語は高低アクセントとは言えない」という意見に対しても答える必要があった。
　東京方言話者の発話による556単語中に3拍語は36単語あった。そのう

ち、次の 9 単語には、第 1 拍にアクセントがある。

　　(a)あたり　　(b)なさけ　　(c)ゆたか　　(d)からす　　(e)たぬき
　　(f)やしろ　　(g)にくさ　　(h)やまい　　(i)さわぎ

　この 9 単語のうち、おそ下がりは(a)〜(c)の 3 単語に見られた。これらでは、アクセントがある第 1 拍よりも後続拍が高い。
　次の図 5–1 では「なさけ」「ゆたか」「あたり」というおそ下がりの例を示した。

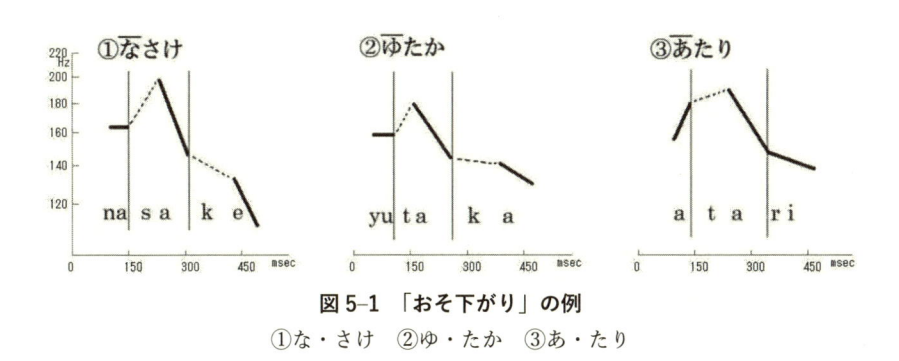

図 5–1　「おそ下がり」の例
①な・さけ　②ゆ・たか　③あ・たり

　上記の 3 単語「なさけ」「ゆたか」「あたり」には共通点がある。第 1 拍が母音か母音に類似の有声子音ではじまる（鼻音［n］と半母音［y］［w］の音声波形は母音に近い）。他方、第 2 拍は「無声子音＋a」である。

5-3　「無声拍にアクセント」とは？

　「ストライク」は 5 拍と考えるのが普通であるが、関西以外では、実際には [su̥toraiku̥] のように第 1 拍と第 5 拍にあたるところが無声化する場合が多い。また、近年は関西でもその傾向がある。
　［s］［t］などの無声子音が前後にあるとその間にある母音［u］［i］は無声化しやすい。「ストライク」では、無声子音［su］［ku］の［u］が抜けて無声化す

る。この場合、声帯は振動せず声が出ていないので、「母音の無声化」と呼ばれる。

　だが、無声化していることに発話者本人が気づかないことが多い。だから、母音がなくても1拍と数えている。

　母音の無声化ルールの例外に「しばし（暫し）」がある。[shibashi] は、第2拍が無声子音ではなく有声子音の [b] で始まるのに、アクセントのある第1拍第3拍ともに無声化しやすい。なお、「しばし」については、第7章でも触れる。

　関西アクセントの無声化の例も挙げてみよう。次の単語は、東京方言では、第1拍が無声化して、アクセントは第2拍にある。

　　(a)「く̥　さ」(草)　　(b)「く̥　せ」(癖)　　(c)「き̥　た」(北)
　　(d)「ふ̥　さ」(房)　　(e)「ひ̥　と」(人)　　(f)「し̥　か」(鹿)

　これらは関西方言では第1拍にアクセントがあり、無声化しないのが普通であった。だが、近年は第1母音を無声化して、「く̥　さ」「く̥　せ」「き̥　た（北）」などと発話する例が多く聞かれる。

> **コラム7　「サンカッケイ（三角形）」のアクセント**

　三角形は「さんかっけい」と発音されることが多い。アクセントのある第4拍は促音（「っ」）で音はないのだが、聞き手には、そこにアクセントがあるように聞こえる。図5–2に見られるように後続の「ケエ」が下降音調になる（ただし、NHKの『アクセント辞典』(1998)では、「サンカクケイ」「サンカク̥ケイ」「サンカッケイ」3通りの記号が記載されている）。

　アクセントの高低の判断は後続拍の音調の動態によって決まる。つまり、下降調の拍の前にアクセントがあると聞くことがわかる。

　上記の辞典の記述を見ると、小さい丸印のある無声拍や、促音にアクセントを置かないようにしているようだが、2番目の「サンカク̥ケイ」は無声化した「ク̥」にアクセントがある。なお、「さんかく̥けい」と「さんかっけ

い」は解釈の違いに過ぎない。つまり、「けい」が下降調であることによって第4拍にアクセントがあると聞くのである。

三角形(さんか̥くけい = さんかっけい)

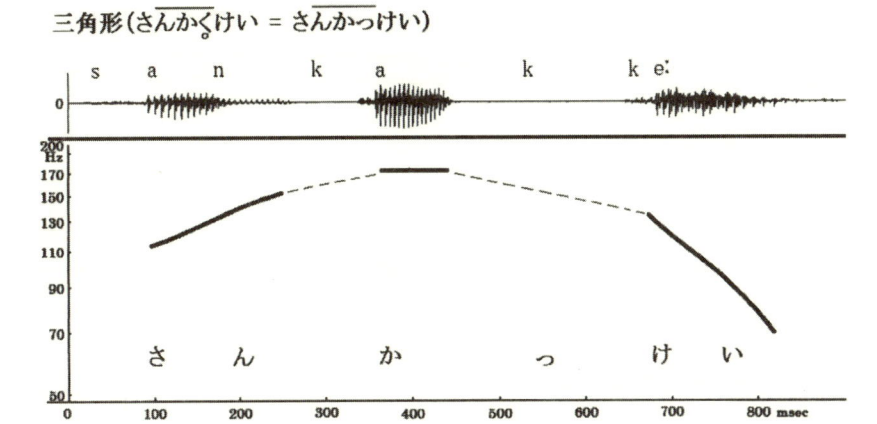

図 5-2　三角形(さんか̥くけい(さんかっけい))の音声波形とピッチ曲線

5-4 「おそ下がり」になる理由

「なさけ」「ゆたか」「あたり」の第1拍には無声子音がない。まず、母音、あるいは鼻音 [n] または [y] ではじまり、第2拍は ta や sa などの無声子音 [t] [s] のあとに広母音 [a] が続く。

言葉の言い始めの声の高さには次のような特徴がある。

（a） [atari] [nasake] [yutaka] のように、第1拍が母音か、または有声子音 [n] [m] [d] [g] [y] [w] などで始まる拍・音節はやや低く始まる。
（b） これら3単語の2拍目のように無声子音（[k] [s] [t] など）で始まる音節では、後ろにある母音のはじめが高い。つまり音声波形を見ると、無声子音に続く母音の最初の1波長がごく短い。

高低低型の [atari] [nasake] [yutaka] は母音または有声子音で始まる。やや低く始まってから第2拍で高くなるので、第1拍母音は上昇調になる。第2拍は無声子音 [t] や [s] の影響で、高く始まってから下降する。そのため、アクセントがある第1拍よりも第2拍のはじめのほうが高くなり、図5-1が示す「おそ下がり」の現象が観察される。

　高いはずの第1拍自体が低から高への上り調子になると、これに続く第2拍が無声子音で始まるために高く始まり、そのあとで下降する。第1拍が上がるのが遅れているわけである。母音で始まる第1拍は低く始まり上昇調で、無声子音で始まる第2拍は高く始まり遅れて下がる。

　[atari] では第1拍が [a] で無声子音ではないので、第1拍は低く始まって上昇調となる。第1拍の終わりまでに声が高まればアクセントどおりのピッチ曲線であるが、第1拍で声を高くするのが遅れて、[t] で始まる第2拍母音は高くはじまるので、下降調になる（下降調を持つ拍の前の拍は高く聞こえる）。この現象は母音か有声子音で始まる単語では自然に生じるが、強弱とは無関係である。

5-5　下降音調を持つアクセントとは？

　関西方言の「あか(赤)」「あめ(雨)」「はる(春)」「あき(秋)」「つる(鶴)」「かめ(亀)」というアクセントは、近畿地方に古代からあったものだと考えられている。歴史的な分類では第5類アクセント型と呼ばれている（第4章を参照されたい）。

　筆者が「おそ下がり」や無声拍にアクセントがある例について考えるときに、この型の下降音調がヒントになった。その上、日本語と英語のアクセントを比較するうえで、大そう重要な役割を果たすことになったのだ。

　「あめ(雨)」のような下降調の単語については、「つる(鶴)」が、スウェーデンのウプサラ大学において、E. A. マイアー (Meyer, 1906) により、実験の対象となり、分析された。こうして、明治時代の図が残されている。当時、京都出身の藤岡勝二東京大学助教授が被験者となった。京都アクセント2拍語のピッチ曲線が示されている。京都アクセントのFig.3「ツル(弦)」、Fig.4

「ツル(釣)」と下降調のFig.5「ツル(鶴)」のすぐれて正確な図で、日本語が初めて実験試料として提示された貴重な資料の一部である(杉藤, 1982)。

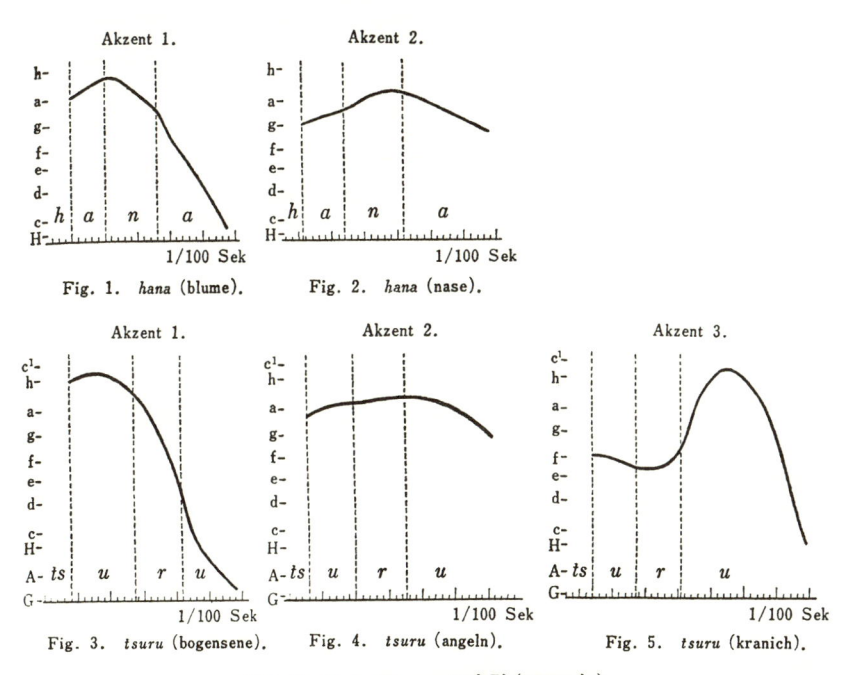

図5-3　E. A. Meyerの実験(1906年)

東京アクセント　Fig.1 ハナ(この「ハナ(花)」は人名、(東京で「花」はハナ)、Fig.2 ハナ(鼻)。
京都アクセントはFig.3 ツル(弦)、Fig.4 ツル(釣)、Fig.5 ツル(鶴)(下降音調)。

　マイアーの業績に触発され、1914年にロシアのポリヴァーノフが来日した。全単語にアクセント記号を付した『日本大辞典』(1892)(山田武太郎、小説家だった山田美妙のこと)をロシアで、すでに入手して、東京アクセントを勉強してきたそうである。
　表5-1はポリヴァーノフ(Поливанов, 1928)の方言アクセントについての論文から抜き出し筆者がまとめて表にしたものである。2型アクセントの長崎がここに入っていることに注目したい。

表 5-1　日本語方言アクセントの対応表

2モラ語	京都	土佐	東京	長崎
鼻、牛、柿、蟹、金、皿、竹、口	┌ハナ	┌ハナ	ハナ‾（ハナガ‾）	ハナ（ハナ┘）
行く、着る	┌イク	┌イク	イク‾	ハク
花、猫、池、栗、時、豆、雲	┌ハ┘ナ	┌ハ┘ナ	ハ┘ナ（ハ┘ナガ）	ハ┘ナ（ハナ┘）
(麻)、笠、喉、甕、白、海、今、屑	カ┌サ（カサ┌ガ）	カ┌サ（カ┌サ┘ガ）	カ┌サ（カサガ）	カ┌サ
飲む、切る	ノ┌ム	ノ┌ム	ノ┌ム	ノ┌ム
朝、錫、亀、葛、影、蜘蛛、猿	ア⌢サ（ア┌サ┘ガ）	ア┌サ（ア┌サ┘ガ）	┌アサ	ア┌サ

（ポリヴァーノフの記述に基づき作成（杉藤、1982））

　ポリヴァーノフにかつて会ったことのある岩エイさんの声を録音するために、筆者は1978年に長崎の三重村を訪れた。当時はもうご年輩であったが、ポリヴァーノフが三重村に来たときはまだ18歳だった。エイさんによると、ポリヴァーノフは、エイさんの兄が夏休みに東京の大学から帰省するときについてきたのだという。三重村方言で語られた昔話「花咲じじい」を発音記号で記録した原稿が残されている（村山、1976）。
　九州の2型アクセントと他のアクセント型との対応関係は、ポリヴァーノフがはじめて見出したものだ。日本語アクセント研究の端緒を作った彼の業績は大きく、有能な研究者であった（杉藤、1982）。
　日本語の単語アクセントの歴史的・地域的パタンについて、関西と東京と九州のアクセントを配列すると、きれいな枠組みに入り、それらの方言アクセントには、対応関係がある（表5-1参照）。ここで重要なのは、関西・東

京アクセントと長崎・鹿児島などの2型アクセントが対応する点である。各地の方言アクセントについては、その後の平山輝男 (1940, 1957) による九州をはじめとした日本各地域の多くの研究者による実地調査により、日本各地の方言アクセントの詳細が明らかにされた。その後、おもな方言アクセントの対応関係をまとめて示したのは服部四郎 (1931–33, 1951) であった。一方、古代の辞典『類聚名義抄』その他に声点(アクセント記号)があることを示したのは井上奥本 (1916) であった。古代の声点を調べあげて整理し、さらに、方言アクセントとの対応関係をまとめたのは金田一春彦 (1943, 1974) であった。

詳しくは、巻末にある参考文献を参照されたい。

5-6 意外な発見！——下降音調を持つ関西アクセントと英語アクセントとの類似性に注目！

「あめ(雨)」「あか(赤)」等は特殊なアクセント型である。これら下降音調を持つ型は、次にのべるように、筆者が、英語アクセントとの類似点を見出すことができた重要な型である。

例えば、英語の fatigue は ti にアクセントがあるが、実際に観察すると、fa が低く tigue の ti のはじめが高く、その後、急に下降する。この単語について、ピッチ曲線を重ねてみると、「あか」と同じ音調である。実験を重ねるうちに、このことに気付いたのだ。これは重要な「発見だ」と自ら認識することになった。

英語の2音節語や日本語の2拍語について、第1音節(第1拍)の後に異なる言語つまり英語の第2音節(第2拍)を接続して聞いてみると、違和感のないアクセントを持つ単語を合成することができる！

筆者は、かつて、ソニーから提供されたオープンリールの録音機デンスケを使って、関西方言の単語アクセントの合成音声を手作業で作成したことがある。まだコンピュータがない時代だったので、合成は録音テープを切り貼りして行った。

日本語の単語同士や英語の単語同士だけでなく、日本語と英語も数多く接

続してみた。たとえば、次のような作業である。少々複雑なようだが——現在は簡単にコンピュータで作成できるのであえて記述することにしよう！

実験1

関西アクセントと東京アクセントの「牡蠣」の「か」を切りとり、そのあとに英語の grotesque の -tésque を接続する。関西アクセントは「か」が低いので 'katésque' ができる。次に、東京アクセントでは「か」が高いので、その後に英語の -tésque をつなぐと 'kátesque' という合成語が出来上がる。同様に東京アクセントの「かき(柿)」の低い「か」のあとに英語 fatigue の -tigue を接続すれば、'katígue' ができる。
récord/recórd などの第2音節の前に、「た̄こ」や「た̄き」などの [ta] を切ってつなぐ。すると高く始まる「た̄-cord」になり、あるいは、低く始まりその後ろが高い「た-córd」になるが、聞こえは英語と類似のものになる。(この作業に用いる音声は話者の性別や音質など少々考慮の必要があるが。)

いずれのアクセントにも違和感がなかった。そこから、次の結論を導くことができる。

（１）　後続拍が下降調の場合、先行する音節(拍)が高く聞こえる。つまり、そこにアクセントがあると聞こえる。
（２）　英語も日本語と同様に、アクセントは声の高さの動態に基づいて判断される。

　つまり、**アクセントは英語の場合は強弱にあり、日本語の場合は高低によって判断されるのではない**。これまでは、日本語は高低アクセントであり、英語は強弱アクセントだと言われてきたが、両者は異質なものではなく、アクセント現象として本質的には同じことであると考えられる。
　1母音が高から低へと下降しているとき、その前の音節にアクセントがあると聞くという点は日本語も英語も同様である。単語アクセントの聞こえの決め手は、声の高さの動態によると結論づけることができる。

この実験によって、音調変化に着目すればアクセントの全容が説明できるという見通しがついた。これは、基本周波数の測定、テープの切り貼りなど、すでに大量の面倒な手作業をこなしてきたおかげであった。

コラム8　下降音調を持つ「雨」の関西アクセント

　関西のアクセントは、高く始まる型と、低く始まる型に大別される。その上、関西アクセントの中には、上記のように「あめぇ(雨)、あかぁ(赤)、はるぅ(春)、あきぃ(秋)、あさぁ(朝)」のような、第2拍に下降音調を持つ型がある。この変わり者の型が、この研究の中で重要な役割を果たすことになった。ここで、「あめぇ(雨)」の「あ」は、最初声を低く出し、第2拍目の初めを高く言い、続いてすぐに声を低く下げる。つまり、下降音調を作る。「発音してみてください！」このような1母音の中での声下げについては、たとえば中国語、あるいはタイ語にもあるが、現在の日本語では関西アクセントの、たとえば1拍語、上昇型の「え(絵)」、下降型「は(葉)」等と、この2拍語の「(低―高低)型の「あめ(雨)」等にあるだけだ。ただし、沖縄の「今帰仁」地域等にもこの型が聞かれる。このアクセントが、日本語のアクセントと英語のアクセントという全く異質のものと考えられてきたアクセントが人間の発話による類似のパタンであることに気づく入口となったものであった！

第6章 英語話者は日本語アクセントを
　　　　どう聞きとるか

> 「日本語は高さアクセントである」との従来の説に反して、「おそ下がり」の例が多く、「無声拍」にアクセントがあるなど理屈に合わない例も少なくないことを見てきた。
> 　では、強弱アクセントであるとされている英語の話者は、上記のような日本語のアクセントを日本語話者と同様に聞きとるだろうか。この点について、英語話者を対象とする知覚実験を試みた。
> 　本章ではその結果から、英語アクセントの本質は何かという問題へと考えを進めたい。すでに指摘したように、英語の単位は音節であるが、日本語の単位は拍である。リズムが違っているので単純に比較できない。両者を比較しやすくするために、ここでは便宜上、ともに拍リズムの言語として扱うこととしよう。

6-1　英語話者は日本語アクセントをどう聞くか、その実験

　前章でのべた、おそ下がりの単語「なさけ」「ゆたか」「あたり」などは、明らかに第2拍が第1拍よりも高い。しかし、今までの日本語話者を対象とした実験の結果、被験者は実際には高くない第1拍を高いと聞き取る。
　では、同じ音声を英語話者はどう聞きとるのだろうか。次に、声帯振動がない無声拍にアクセントがあると聞こえるという日本語の現象が、はたして英語話者にも起こるのだろうか。そこで、英語話者を被験者として、おそ下がりの「なさけ」「ゆたか」「あたり」、さらに数単語を加えて知覚実験を行った。
　最初の被験者はアメリカ人4人であった。うち2人は、日本に滞在して7年目である。RE氏は日本語が堪能だ。夫人（REさん）も日本での生活に不自由はない。他の2人（W氏夫妻）は、日本に着いてはじめて日本語を聞い

たという旅行者である。夫人はピアノが得意で、音楽に精通しているとのことであった。しかし、W氏は回答が書けず、継続は無理とわかったので、やむをえずこの答案は除外した。結局、最終的な被験者は3人になった。

表 6-1 は、アメリカ人 3 被験者の回答である。

表 6-1　英語話者の聞こえ

英語話者を対象として行った日本語アクセントの知覚実験(各3回)の結果
(左端の①②③の単語は、「おそ下がり」の例である(図 5-1 を参照)。

被験者 単語＼回数	RE (Mr.) 第1回	第2回	第3回	RE (Mrs.) 第1回	第2回	第3回	LW 第1回	第2回	第3回
あなた	anáta	anáta	anáta	anáta	anáta	anáta	anáta	anáta	anáta
①なさけ	násake	násake	násake	nasake	násake	nasáke	násake	násake	násake
まよい	majói	majói	majói	majói	majói	majói	majói	majói	majói
えくぼ	ékubo	ékubo	ékubo	ékubo	ékubo	ékubo	ékubo	ékubo	ékubo
ねがい	neŋái	neŋái	neŋái	neŋái	neŋái	neŋái	neŋái	neŋái	neŋái
なたね	natáne	natáne	natáne	natáne	natáne	natáne	natáne	natáne	natáne
②ゆたか	jútaka	jútaka	jútaka	jutaka	jútaka	jutaka	jutáka	jútaka	jutáka
わらい	warái	warái	warái	warái	warái	warái	wárai	wárai	wárai
③あたり	átari	átari	átari	átari	átari	átari	átari	átari	átari
し̥ばし	ʃíbaʃi	ʃíbaʃi	ʃíbaʃi	ʃíbaʃi	ʃíbaʃi	ʃíbaʃi	ʃibáʃi	ʃibáʃi	ʃibáʃi

　表 6-1 の「なさけ」「ゆたか」「あたり」は、明らかに第 1 拍目よりも第 2 拍目が高く、「おそ下がり」だ。

　この実験により、日本語話者だけでなく、はじめて日本語を聞く英語話者にも、第 1 拍にアクセントがあると聞こえることが明らかになった。

　このとき、第 1 拍に後続する第 2 拍目は下降音調になるが、下降音調の音節に先行する音節は高く聞こえる。この現象は、日本語話者に特有のものではなく、英語の話者にも共通すると推測される。

　これと同じことが、第 1 拍が無声拍の [ʃibaʃi] の場合にもいえる。つまり、その第 1 拍には声帯振動がない。アクセントの高さを判断することはでき

ないはずだ。それにもかかわらず、先行する無声拍にアクセントがあると聞こえる。このような例では、これに後続する母音 [a] が下降音調になっている。これも面白い現象である。

しかも、これを聞き取るのは、日本語話者だけではなく、「強弱アクセント」であるとされる英語を使用する英語話者も同様である。ということは、英語の単語アクセントは日本語と類似の特徴を持つ可能性が高い。これは、言い換えると、英語においても、母音が不明瞭であったり、抜けたりした場合でも、後続部分の音調によって先行部分を類推して発話者の意図どおりに聞き取れる場合があると考えられる。

6-2 英語アクセントの特徴

アクセントやイントネーションは、ピッチ曲線によって観察できる。名詞と動詞でアクセントが対立するペアの単語について、図で説明をすれば次のようになる。

図6-1 は、上部が声の振幅（強弱）、下部がピッチ曲線（声の高さの時間的変化）である。(1)から(4)の被験者はそれぞれアメリカ人で、(5)はイギリス人である。(1)から(5)は英語の2音節語である pérmit と permít を比較しており、(6)は日本人話者 ST（大阪）による日本語の「か̄め（甕）」とか め̀（亀）を比較している。なお、ピッチ曲線の上部に見られる矢印は、そこから声下げが行われていることを示す。

第1音節にアクセントがある pérmit の場合は、はじめがとくに高く、その後、矢印の部分からあとでは声が低くなる。一方、第2音節にアクセントがある permít の場合は、per- は低く始まり、第2音節の í ははじめが高く、その後、声は下降し急に低くなる。

permít の高から低への変化は関西方言の「雨（あ め̀）」などの第2拍目と類似のものだ。(6)には、「カ̄メ（甕）」と「カメ̀（亀）」のピッチ曲線を重ねて示しているので、英語の pérmit/permít 等の場合と比べていただきたい。

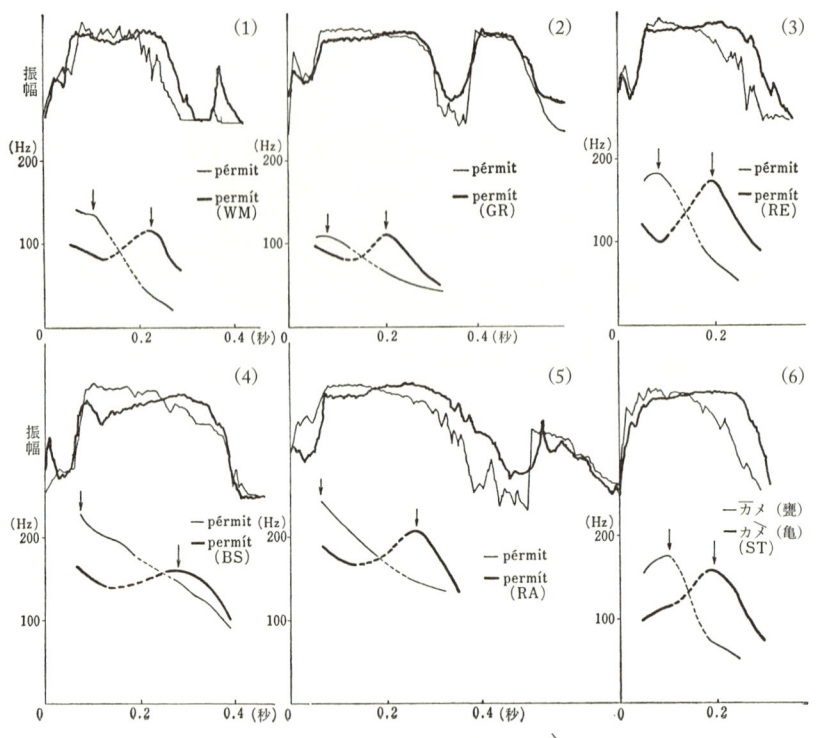

図 6-1　pérmit と permít、カメ(甕)とカメ(亀)の比較

(1)〜(4)の図は、4人のアメリカ人、(5)はイギリス人—( )内の文字は話者名。その発話による pérmit と permít の、上部には振幅(強さ)、下部にはピッチ曲線(高さの時間的変化)を、それぞれ示したものである。(6)は日本人話者 ST(大阪)による、カメ(甕)と、カメ(亀)。それらが(3)等の英語例とよく似ていることに注目されたい。ピッチ曲線の上部に見られる矢印は、そこから声下げが行われていることを示す。

6-3　日本語と英語のアクセントの本質

　ここまで英語のリズムの単位を音節ではなく拍であると仮定して、2音節語の permít と 2 拍語の「カメ」を比較した。では、さらに、英語の 1 つの「拍」の持続時間を一定だと仮定すると、声の高さがどのように変化するだろうか。それぞれの各音節の持続時間をそろえ、各拍と音節を比較するとどのような実態が見られるだろうか。

今回の実験では、日本語は4〜5拍語、英語は4〜5音節語を使うことにした。日本語は242単語、英語は153単語あった。それらを抽出し、まず、アクセントがある拍または音節の持続時間を比較した。持続時間とアクセントとの相関関係を調べたところ、英語では、持続時間が長い場合にアクセントありと感じる度合いが日本語の場合より大きいことがわかった。

　単純に考えれば持続時間がアクセントを決定している度合いが英語のほうが大きいということになるが、実はそうではない。「英語のアクセントは持続時間によって決まる」という考え方は正しいとは言えない。これについては後述する。

　次の実験でも、英語が音節ではなく、拍単位で構成され、持続時間が音節につきほぼ一定であると仮定した。日本語550単語、英語400単語について、日英、全く同じ手法で声の高さの時間的な変化を調べた。

　そこでわかったことは、英語の場合も日本語と同様に、声が高い場合はそこに、または、後続する母音が下降音調の場合は、これに先行する音節にアクセントがあると判断されるということであった。

　上記の例は特殊な例を提示したものではない。しかし、英語の場合も、アクセントのある音節に後続する音節は下降音調か、後続拍が目立って低い。アクセントは、明らかに高さの変化によって判断できる。この手法でアクセントの位置がわからないという単語は、400単語中のわずか4個で、例外はわずか1％に過ぎないことがわかった。このことは、英語の場合も単語のアクセントは、確かに声の高さにより判断されることを示している。

　アクセントの決め手となるものは、声の高さとその変化の動態であると結論づけられる。とくに母音が高い場合は、そこにアクセントがあると感じられる。また、母音が下降音調の場合には、その前の音節にアクセントがあると感じられることがわかった。

6-4　音節の長さと高さ

　次の図6-2は、拍なり音節なりの持続時間をそれぞれ同一と仮定した場合の、日本語(東京方言)と英語のアクセントの音調の動態を比較したもので

ある。

　図に線分で区切りを入れ、その間に各音節が入るように、音の持続時間（長さ）を一定の時間内に納めた。

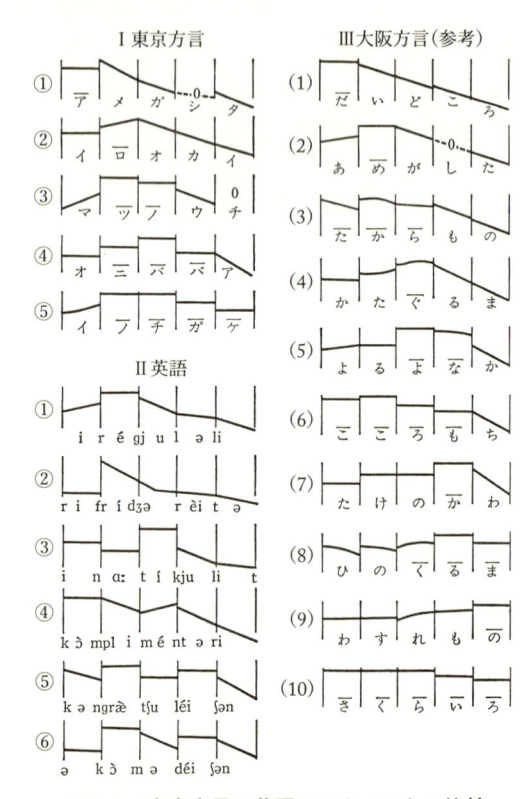

図6-2　東京方言と英語のアクセントの比較

各単語の「拍」なり、「音節」なりの持続時間をそれぞれ同一と仮定した場合の、Ⅰ日本語（東京方言）とⅡ英語のアクセントとその音調。右には参考までに5拍語では10種あるⅢ大阪アクセント例をも示した。

　この結果からは次のような特徴が観察された。まず日本語の単語から具体的に見てみよう。

A. 日本語：太字の部分がアクセントのある拍である。これらはどれも任意

に抽出した単語である。

①**あめ**がした
②い**ろ**おかい
③ま**つの**うち
④おに**ばば**あ
⑤**いのちがけ**(平板型)

箇条書きにまとめると、次のような特徴が見られる。

（1）「ア̄メガシタ」ではアクセントのある「ア」は高く、その後「メガシタ」の部分は高から次第に下降している。
（2）「イロ̄オカイ」もアクセントのある「ロ」は、やや上昇して高く、その後は次第に下降して低くなる。
（3）「マツノ̄ウチ」もアクセントのある「ツ」「ノ」は平坦で高く、「ウ」は下降音調で「チ」は無声化している。
（4）「オニバ̄バア」は4拍目の「バ」までそれぞれ平坦で、最後の拍だけ下降しており、その前にアクセントがあることがわかる。
（5）「イノチガケ」の各拍は平坦で、この語は平板アクセントである。

次は英語の場合である。

B. 英語：(´)印は強アクセント、(`)印は弱アクセントである。
① irrégularly
② refrígerator
③ inartículate
④ còmpliméntary
⑤ congràtulátion
⑥ accòmmodátion

英語の場合も、いわゆる強アクセントがあるところは高く、弱アクセントのところは少し高い。すべての単語が高低で完全に説明がつく。個々の単語についてまとめると次のようになる。

① irrégularly では ré が高く、そのあとは次第に下降している。下降部分を持つ音節の前の音節にアクセントがある点も日本語の場合と同様である。
② refrígerator では、第 2 音節の fri の部分は下降しているがこの場合は際立って高い。他の音節は低く、第 2 音節にアクセントがある。
③ inartículate では第 3 音節が際立って高い。
④ còmpliméntary では第 3 音節 me が上昇しており、そこが際立って聞こえ、弱アクセントの第 1 音節がこれに次ぐ高さである。
⑤ congràtulátion では、強アクセントが la にあり、弱アクセントが gra にある。la よりも gra のほうがやや高いが実際は後方にある音のほうが高く聞こえる。その理由は末尾には自然の減衰が加わって低くなる部分だからである。
⑥ accòmmodátion の co と da の場合も同様である。co と da が高く、それぞれ後ろが下降調である。後ろの da の方がより高く聞こえる。

6-5　英語アクセントはどう理解すればよいか

　英語を日本語と同様に拍リズムの言葉であると仮定して各音節の長さをそろえて示すと、図 6-2 で明らかになったように、英語のアクセントも音の高低で説明できることがわかる。
　図は、任意の単語について示した結果であるが、実測の結果は明らかに声の高さの変化の動態によって、それぞれの単語のアクセント位置が分かること、下降音調を持つ音節の前の音節に「アクセントがある」と判断されることが明らかになった。他の単語の場合も同様である。
　今までの実験結果をまとめれば次のようになろう。

（1） 先には、東京、大阪の生粋の話者について、それぞれ1拍語から6拍語までの、550単語を録音し、それらを音声波形に変えた。1つの母音の中で、声の高さがどう変化しているか、それを各アクセント別に細かく調べた。その結果、後続の拍が平坦か下降しているか、つまり、音調の動態によって、先行する拍または音節の声の高さの聞こえが異なることがわかった。

（2） 英語の400単語についても同様の分析を行ったところ、英語も、日本語の場合と同様に、アクセントの位置は、声の高さにより、詳しくは音調の動態によって判断されることが明らかになった。

　この結果は、英語のアクセントも、日本語の場合と同様に、声の高さ、つまり基本周波数がアクセントを決定するという点で、両者には本質的な違いがないことを示している。

　この章では、日本語のアクセントの例外的な「おそ下がり」の例も、英語話者は日本語話者と同様に聞きとること、アクセントの聞こえには英単語も日本語の場合と類似のものがあることが明らかになった。

コラム9　金髪の幼児からの声のおくりもの

　大阪から東京への列車の中で、放送局用の肩掛け録音機「デンスケ」のイヤフォンで大阪アクセントの録音音声を聞きながら、筆者は、その文字を次々に「音声波形」の下に書き入れていた。これは、私の趣味か遊びのようなものであった。

　巻物のようになっている細長い用紙には、音声が1秒につき1メートルの長さの音声波形として記録され、太い巻物のようになって郵送されてくるのだ。1秒といえば、「朝は雨だった」このくらいの長さの言葉が入る。筆者は波形の下に、聞いたまま「asa」「ame」「hotaru」等々の文字を素早く書き入れていった。

そのとき、後ろから、私の髪の毛を撫でて触っている小さなやわらかい手を感じた。おや？　そっと振り向くと、後ろに金髪の幼い女の子がいた。自分たちと違う黒い髪を触ってみたかったのであろうか。そこで、彼女の目と、私の目が合い、二人で笑顔と笑顔のあいさつを交わした。それはほんとにかわいい笑顔だった。それから、私はイヤフォンを外して、いっとき後ろから聞こえてくる彼女らの声に耳を傾けた。
　彼女の話は単語だけ、いわば「単語文」でしきりにしゃべる。母親が夫との話を中断しては、これもほとんど「単語文」で子供の言葉を繰り返して応答する。その英語のやりとりを聞いていると、音声波形を見慣れその声を聞き慣れた私には、母と子の音声の、声の高さの時間的な変化さえもありありと見えてくるような感じがした。ああ、英語の単語アクセントも、日本語の場合とまったく同じ手法で解決できる。私は、それまでイヤフォンで聞いていた大阪の話者の日本語と、後ろから聞こえてくる英語と、それらの音声波形やピッチ曲線を想像して頭の中で比べながら直感的にそう思った。やっぱり、そうだ！やれる！
　英語話者の音声を録音しよう！そのための次の仕事の準備として、途中では作業用に小さい辞書を買い求めた。用事をすませた帰りの列車の中では、そこから400余りの単語を選んで辞書に線を引いた。その後——そこで抽出した英単語の整理から始め、後は英語も日本語の場合とまったく同じやり方で録音して、その音声波形を読み取り、波長を測って、ピッチ変化の動態を見ていく——日本語に続いて聞き続け、測り続けたあの英語音声の、収録のきっかけとなったのは、金髪の幼児の、あの「声のおくりもの」だったのだ！

第7章 アクセントの知覚
——強さではなく高さによる！

　日本語のアクセントに観察される「おそ下がり」の現象は、一体どのような条件のもとで生じるのだろうか。ここでは、まず合成音声を用いて「おそ下がり」また無声拍にアクセントがある場合の知覚のしくみを明らかにする。
　次に、ame の語音を用いて、4種の関西アクセントを持つ40種類のピッチ曲線の合成音声を共同研究によって作成した。これによって、アクセントの知覚の実態を調べるとともに、アクセントの知覚が高さによるか、強さによるものか明らかにする。具体的には次の点を確かめる。
（1）　単語中の拍・音節を強くすれば、アクセントの聞こえは変化するか。
（2）　声の高い部分の時間的な位置をずらせば、アクセントの聞こえは変化するか。
（3）　アクセントの知覚には、個人差があるか。また、地域差・方言差があるか。
（4）　英語も日本語と同様に声の高低変化によってアクセントは判断されるか。

　次に、異なるアクセント地域にある次の6都市の高校生各1クラスを対象として、アクセントの知覚実験を行う。被験者高校生の居住地域とアクセント型は下記のとおりである。アクセント地図（第4章、図4–1）も参照されたい。

1. 東北の米沢市（無型アクセント）
2. 東京都（東京アクセント）
3. 福井市（無型アクセント）
4. 大阪市（関西アクセント）
5. 岡山市（東京アクセント）
6. 長崎市（二型アクセント）

　アクセント型の異なる地域別に調べたのは、アクセントの知覚に地域差・方言差があるかどうかを明らかにするためである。また、その知覚が教育に

よって変化するかどうかについても検討した。

7-1 「おそ下がり」の謎解き——その音声合成

ここでは、コンピュータで合成した音声を用いて実験を進める。これに先立って、「おそ下がり」単語の合成を試みた。

次の図7-1を見てみよう。第1拍がa、b、cのようにそれぞれ平坦であり、第2拍がeのように下降音調の場合、それらの単語は「高低型」に聞こえる。しかし、第1拍がさらに低く、dのような場合には、第2拍母音は下降音調に聞こえる。

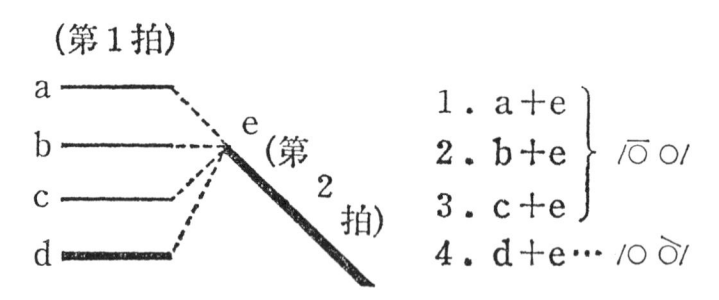

図7-1　合成音声による実験結果1

第1拍がa、b、cのようにそれぞれ平坦であり、第2拍がeのように下降音調の場合——第1拍がa、b（あるいはcのようにやや低い場合でも）、それらの単語は「高低型」と聞こえる。しかし、第1拍がさらに低く、dのような場合には、第2拍母音は下降音調であると聞きとる。

このことから、アクセントは、拍の高さや強さを比べた結果で知覚されるのではなく、声の高さの動態、つまり母音の音調によって判断されることがわかる。

拍・音節の音調が、主として高さが比較的平坦なものと、高から低へ下降しているものとがある。2拍語（英語の2音節語）の場合、後続の拍・音節が高から低へと下降しているときに、これに先立つ拍・音節にアクセントがあると聞く。これは日本語でも英語でも共通している。

ただし、先行する拍・音節が後続拍より低い場合には、近畿方言の「あめ(雨)」のように第2拍に下降音調があるように聞こえ、英語の場合には、後続音節にアクセントがあるように聞こえる。

次の図7-2では「アサ」(「朝」の東京方言)から「アサ」(「朝」関西方言)など19種の高さの第1母音を持つ実験用単語で比較した。第2拍母音の高さを示す斜線の上に重ねた数本の短い横線は、アクセント型の知覚にゆれが生じる場合の第1拍母音の高さを示している。

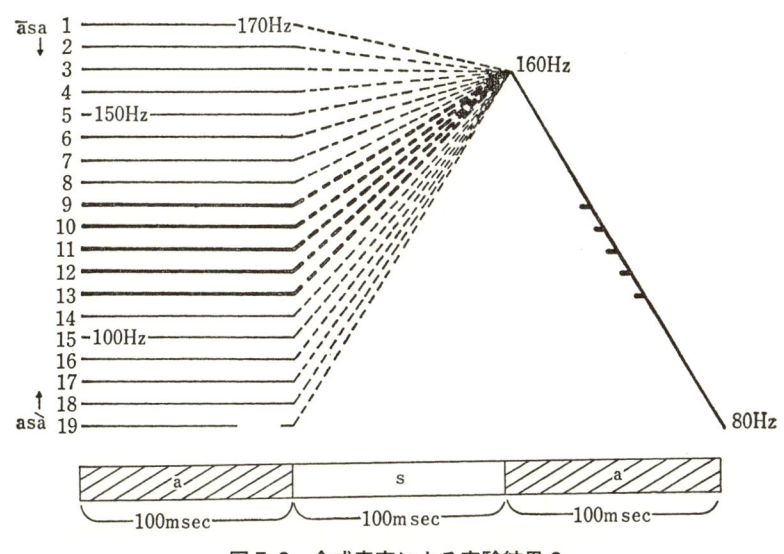

図7-2　合成音声による実験結果2

アサ(「朝」の東京方言)からアサ(「朝」大阪方言)へ——19種の高さの母音を持つ実験用の単語——第2拍母音の高さを示す斜線の、上に重ねた数本の短い横線は、アクセント型の知覚にゆれが生じる場合の第1拍母音の高さを示している)

図7-2に示すように、第1拍は1〜19種の横線が示すように平坦な音調で、子音 /s/ のあとの第2拍母音が160Hzから80Hzまでの下降音調の場合には、第1拍が、たとえば9番から13番の母音のように低い場合でも、その第1拍にアクセントがあると聞こえる。

これらは音調とアクセントの聞こえの関係を示している。ここで起こって

いることはまさに「おそ下がり」現象である。これを音の強弱で区別していると解釈するのは誤りであることは、すでにのべてきたとおりであるが、ここで確認をしよう。

また、第1拍が9番から13番までの高さの場合は、それより低い場合と同様、一般に第2拍が下降音調のアクセントがある「ア＼サ」と聞かれる。

次の図7-3では、「￣ア￣サ」「￣ア￣サ」「￣ア＼サ」を比較しようとしている。図中の太線は、○○型と知覚される範囲を示し、第2拍も平坦な音調にした。こうすると、第2拍が下降調の場合と異なり、おそ下がり例はなくなる。また、第1拍にアクセントがあると感じられる第1拍の高さの範囲はごく狭くなり、また、○＼○型は皆無となる。

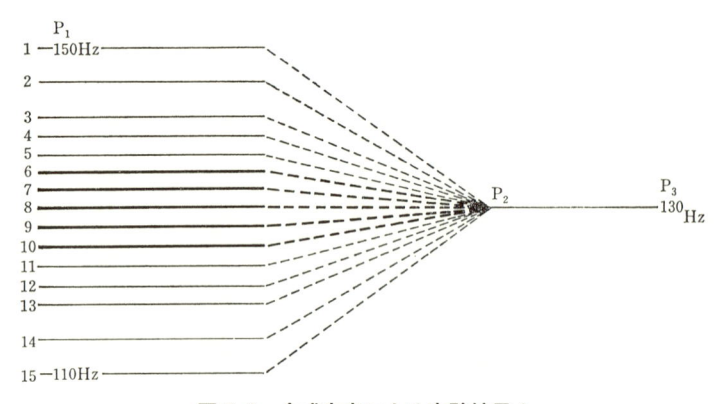

図7-3　合成音声による実験結果3
/asa/、￣ア￣サ～￣ア￣サ(図中の太線は、○○型と知覚される範囲を示す)

次の図7-4は、無声拍にアクセントある場合を合成音声で示した例である。(1)が「あさ」の音声波形とピッチ曲線、(2)が「くさ」の音声波形とピッチ曲線、(3)が(1)「あさ」の「さ」の前に(2)くさの「く」(無声拍)を接続したものである。

この図は、(2)の図のように後続の第2拍を下降調にすれば、その第1拍は無声拍でもそこにアクセントを聞き取ることを示している。なお、これらは、SUGI Speech Analizer(杉藤、1996c)を用いて合成を行い、確かめたも

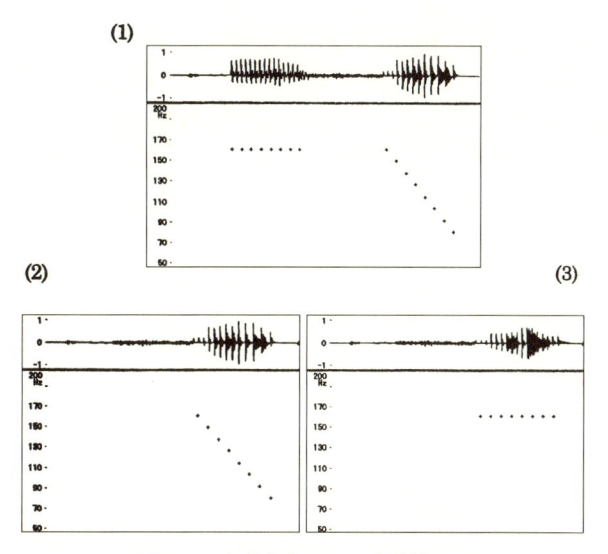

図 7-4　合成音声による実験結果 4
(1) あ̄さ（朝）の音声波形とピッチ曲線
(2) く̣さ（草）の音声波形とピッチ曲線
(3) (1)あさの「さ」の前に(2)く̣さの「く̣」(無声拍)を接続したもの→く̄さ

のである。

7-2　アクセントの生成モデルによる「あめ」40 種の合成音声

　音響学の分野では、1900 年代は自然な音声について地道な研究が行われていた。その後コンピュータを使った研究が進み、音声の合成が可能になったために、アクセントの特徴を示す曲線を合成する手法も進歩した。日本語についても、発話時の声の高さの変化を数式で表すという研究がいくつか行われた。

　ピッチ曲線の生成についてモデルが作られ、実際に発話された音声のピッチ（正しくは「基本周波数曲線」）を抽出する。次には、生成モデルの数式を使って、ピッチ曲線を分析する。そこで得られた変数を用いて音声を合成する。

たとえば、スウェーデンの Öhman (1967) は、高さアクセントの言語と言われるスウェーデン語の声の高さの変化過程をモデル化した。これに少々の工夫を加え、日本語アクセントについて、次の図 7-5 のような生成モデルが作成された。「声立ておよびアクセント指令によって基本周波数を制御する機構のモデル（藤崎・須藤、1971）」である。音声合成による分析が行われる。

次の図 7-5 に示される曲線は、言わば「声立てとアクセント指令の制御による曲線」である。

（藤崎・須藤、1971 による）

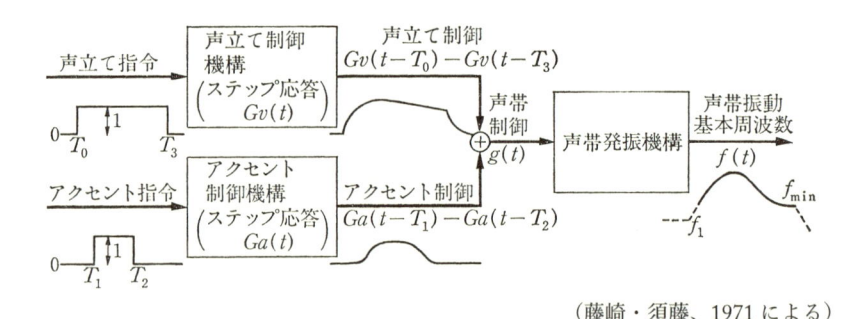

図 7-5　声立ておよびアクセント指令によって基本周波数を制御する機構のモデル

これは私たちが「声」を出すときの、フレーズの始まり (on) と終わり (off) を台形で示したものである。これを「アクセント台形曲線」と呼ぶこととする。

声立て制御による曲線の上に「アクセント台形曲線」を乗せると、自然に発話されるピッチ曲線が合成できると考えられる。

第 5 章では、関西方言の 2 拍語について 4 種類のアクセント型を類別語彙という言葉で説明したが、ここでは、便宜上、それぞれ、A 型、B 型、C 型、D 型と呼ぶこととする。

ここで分析したものを型別に示すと、次のとおりになる。

　　A 型　「あめ」(天)〈第 2 類、第 3 類〉

B型　「あめ」（雨）〈第5類〉
C型　「あめ」（無意味語）〈第4類〉
D型　「あめ」（飴）〈第1類〉

　アクセント生成モデルによる分析の準備として、まず、関西方言話者ST（男性）に上記4種の型を分かりやすく、ややゆっくり発話してもらい、音声を録音した。まず、ピッチを抽出し、次に、アクセント生成モデルを使って、声の上げ始めと下げ始めの各時点、声の上げ幅などを、4種の型について分析した。そのデータを用い、共同研究として、合成音声が作成された。
　図7-6 は、2拍語 [ame] の4種のアクセント型が示す基本周波数パタンである。なお、＋印は実測値、曲線はモデルによる近似曲線である。T1 はアクセント指令の始端、T2 はその終端の時間的位置を示す（藤崎・杉藤、1977）。

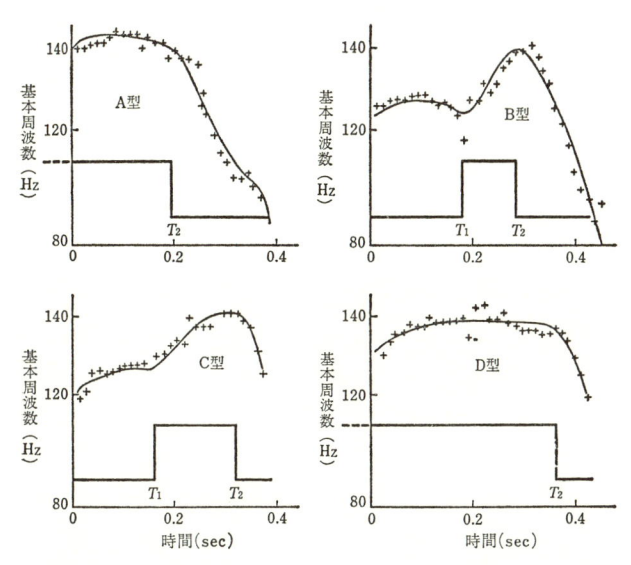

図7-6　基本周波数パタンおよびアクセント指令の始端・終端の時間的位置
2拍語 [ame] の4種のアクセント型を示す基本周波数パタン（＋印は実測値、曲線はモデルによる近似曲線）およびアクセント指令の始端・終端（$T_1 \cdot T_2$）の時間的位置（藤崎・杉藤、1977 による）

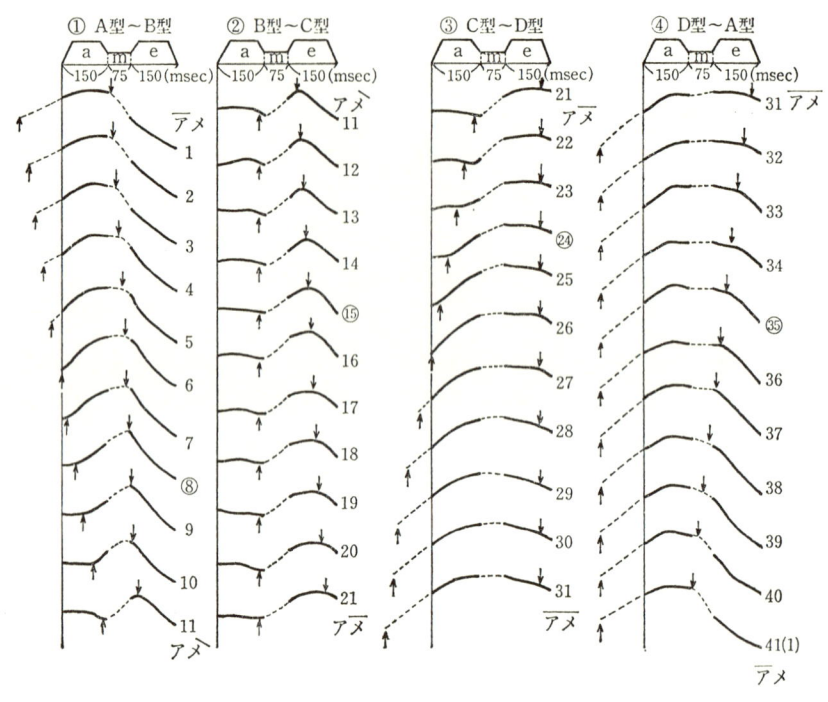

図 7-7　各音刺激による F0 曲線

音刺激① No.1～No.11、② No.11～No.21、③ No.21～No.31、④ No.31～No.1 の F0 曲線（ピッチ曲線）（矢印はアクセント指令の始端（↑）と終端（↓）の時点を示す）

　次の図 7-7 には、合成された音声の 40 種類のピッチ曲線を示した。各列の一番上の曲線は、ABCD 各型の音声を分析して得た変数を使って合成した各型の代表的なピッチ曲線である。なお、矢印はアクセント指令の始端（↑）と終端（↓）の時点を示す。

　それぞれの曲線には上部に①から④まで番号が付いている。最上部の左端には、A 型―B 型とある。縦列の 1 番左側の列は、A 型「アメ」から B 型「アメ」へ、声の高い部分を少しずつ均等に後ろへずらした場合の 11 種のピッチ曲線、つまり F0 曲線を示している。①は No.1～No.11、②は No.11～No.21、③は No.21～No.31、④は No.31～No.41(1) の F0 曲線である。

　縦の 4 列の各グループの音声について、/A 型―B 型/、/B 型―C 型/、

/C 型―D 型/、/D 型―A 型/のそれぞれの区別について知覚実験をおこなった。被験者はそれぞれ関西方言話者 3 人と東京出身者 1 人の計 4 人である。

　図 7-7 では、2 つのアクセント型の判断境界にある曲線を○囲い数字で示した。1 列目では⑧、2 列目では⑮、3 列目では㉔、4 列目では㉟が、他のアクセント型との判断の境目となるところである。それをアクセント型の「判断境界」と呼ぶ。

　このようにして、合計 40 種類の合成音声が作成された。次に、これらがそれぞれどの型として判断されるか各列のピッチ曲線を持つそれぞれの音声について、つまり 4 種類の知覚実験をおこなった。

7-3　同じく生成モデルによる英語の合成、pérmit から permít へ

〈**実験 1**〉強さを変化させた場合

　アクセントが強さによるものであるかどうかを確かめるために、音源の強度を 4 倍にして、各型間の聞こえが変化するかどうか実験した。その結果、**音の強度を 4 倍にしてもアクセントの知覚〈アクセント型の聞こえ〉に変化は生じなかった。**これは、音の強さが日本語アクセントの聞こえに関わるとは言えないということを示している。

〈**実験 2**〉母音の長さと声下げの位置との関係

　その結果が次ページの図 7-8 である。①A 型―B 型の実験と同様のピッチ曲線を持ち、各語音の持続時間を変化させた実験①-1、①-3 におけるピッチ曲線（点線の部分は子音 /m/）と、アクセントの判断境界を移動させている。

　単語全体の長さは変えずに子音と母音の長さの割合を変化させた合成音声を用いて実験をすると、アクセント型の判断が変わってくる。

　図 7-8 の①-1、2 は、それぞれ [m] [e] の持続時間を全体の長さを変えずに、前方へ延長させたものである。①-0 と比べると、判断境界が 8.02 から 7.60 へ移動している。

　①-3 のように [am] を短縮し、[e] を大きく延長すると、アクセントの判

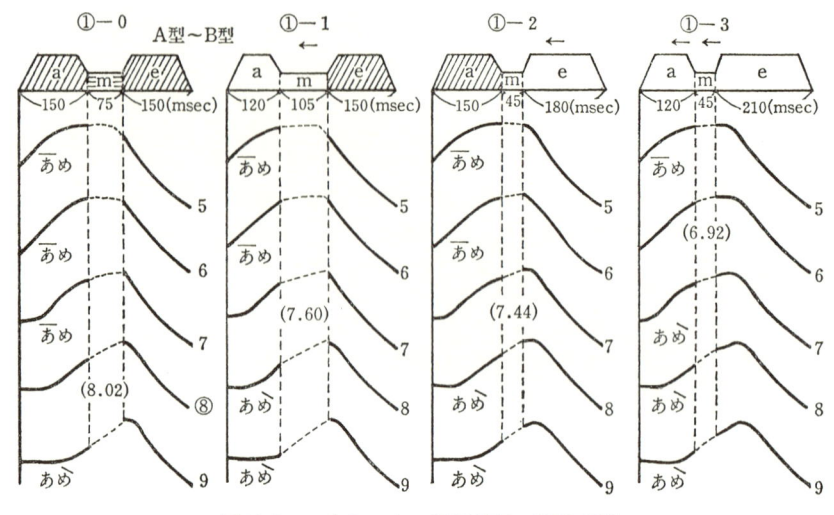

図 7-8 アクセントの判断境界の移動実験

① A 型― B 型の実験と同様のピッチ曲線を持ち、各語音の持続時間を変化させた実験①-1、①-3 におけるピッチ曲線（点線の部分は子音 /m/）と、アクセントの判断境界の移動

断境界は 6.92 の点線まで移動する。これは、たとえば声の高い部分がa-m-e のどの部分に当たるか、つまりどこから声が上がりまたは下がり始めるかを見た場合に、そのタイミングが変わるとアクセント型の聞こえも変わるということを示している。

これらの実験により、従来のべられていたような、強さを加味しなければアクセントの位置はわからないという説明が誤りであることを示している。

〈**実験 3**〉英語アクセントの知覚実験

pérmit と permít という対になる 2 音節語と関西方言の「アメ」を比較した。その結果が図 7-9 で、英語 permit と 11 種の合成音声による「アメ」を比較した曲線になっている。

ここでいう A 型から B 型への変化、つまり、1 番の「あめ」から 11 番の「あめ」までのピッチ曲線は、もともと東京アクセントの「雨（アメ）」と関西アクセントの「雨（アメ）」が、英語の pérmit から permít への音調と類似のものであることを見出したことから試みたものであった。

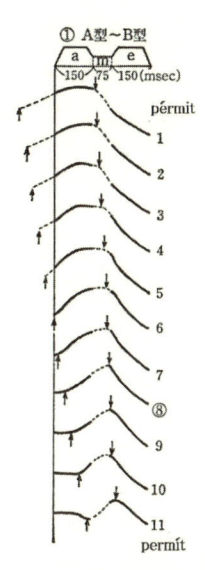

図 7-9 英語 permit と 11 種の合成音声による「アメ」

英語 permit の「音」で、「声」の高さの変化を示す曲線は ア̄メからアメ̆への 11 種の合成音声と同様のピッチ曲線を持つ 11 種の合成音声。⑧の曲線が pérmit と permít との判断境界。

　ここでは、これが「あ̄め」から「あめ̆」への変化と同様のものと見て、1 番から 11 番の、ピッチ曲線とそれぞれ同一の曲線で、英語 permit の「音」を持つ、11 種の声を合成して、3 人のアメリカ人について知覚実験を行い、判断境界を調べた。

　ここではじめの音節にアクセントを聞く pérmit と、あとの音節にアクセントがあると聞く permít との判断の境目となるのは図 7-9 の⑧の曲線となり、「あ̄め─あめ̆」の場合の判断の境目と、同様の位置にあることがわかった。

7-4　無型アクセント話者も対象とする 6 都市での知覚実験

　もともとは「アクセントの本質は何か」を調べる目的から発した研究であったが、知覚実験用の合成音声を作成し、各方言地域で知覚実験を試みて

いくうちに、アクセント指導に役立つ教育資料になるのではないかと考えるようになった。

上記の合成による40種類の音声を使って、アクセント(1)A～B、(2)B～C、(3)C～D、(4)D～Aのそれぞれの型を判断する4種類の知覚実験用の録音テープが作成された。

各実験では、1つの音刺激について、ランダム配列された各10回の発話を聴取することになる。この知覚実験用音声テープの作成は、東京大学工学部藤崎教授をはじめ、研究室諸氏の援助によるものであった。

まず、近くの東大阪の高校で予備実験を試み、生徒が興味を持って参加することを確かめ、その上で、東北から九州まで、各地域での実験に出向くことにした。

実験を行ったのは、米沢、東京、大阪、福井、岡山、長崎など、方言アクセントが異なる地域にある高等学校である。

各学校の校長先生の了解と協力を得て、2年生の各1クラスの生徒を対象に、それぞれ1時間を知覚実験に当てた（高等学校の所在地については、第4章、図4-1アクセント地図を参照されたい）。

それぞれの地域のアクセント型を、同類のものをまとめると次のとおりになる。なお、繰り返しになるが、「無型アクセント地域」とは各語彙にアクセントによる区別がない地域のことである。

（1） 東京アクセント地域（2拍語に3種類のアクセントがある地域）＝東京都、岡山市
（2） 関西アクセント地域（4種類のアクセントがある地域）＝大阪市
（3） 二型アクセント地域（2種類のアクセントがある地域）＝長崎市
（4） 無型アクセント地域＝米沢市、福井市（アクセントによる区別をしない地域）

（上記、アクセント型の数は2拍語の場合である。）

日本の方言アクセントを地域別に分けると、上記の地域は異なるアクセント地域に属する。それら各地の高校において4つの型のアクセントの合成音声を用いて知覚実験を行った。図7-10はその結果である。4つの型の知

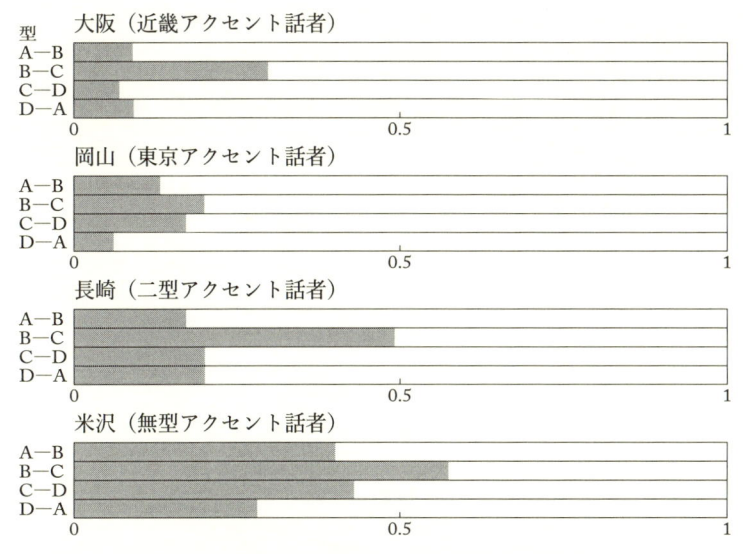

図 7–10 判断に一貫性を欠く話者の方言別の割合
4 種の知覚実験において判断に一貫性を欠く話者(灰色)の、各方言別による人数の割合

覚実験において、判断に一貫性を欠く話者の人数がアミで示されている。

図からわかるように、アクセント知覚には個人差とともに、全体的な傾向として方言差があることが確かめられた。

無型アクセント地域とそれ以外の地域では知覚に違いが見られる。また、東京アクセント地域と関西アクセント地域ではアクセント型によって判断に違いが生じる場合があることも明らかになった。

次の実験で、アクセント型が音感と関係があるか、この点について大阪市の音楽大学の学生を被験者に加えて実験した。それらの結果をまとめたのが、次の図7–11 である。

なお、高校生各1クラスを対象とした地域は●大阪、■東京、□岡山、＋長崎、▲米沢、△福井であり、○印は大阪の音楽専攻の大学生20人である。

その結果、アクセントの知覚は音感のよさと関係があることが明らかになった。ただし、音感の良さは、アクセント型の発話の正確さとは関係がな

図7-11　アクセント識別能力の各方言別による累積分布
●大阪、■東京、□岡山、＋長崎、▲米沢、△福井の各高校生（ただし○印は大阪の音楽専攻の大学生）

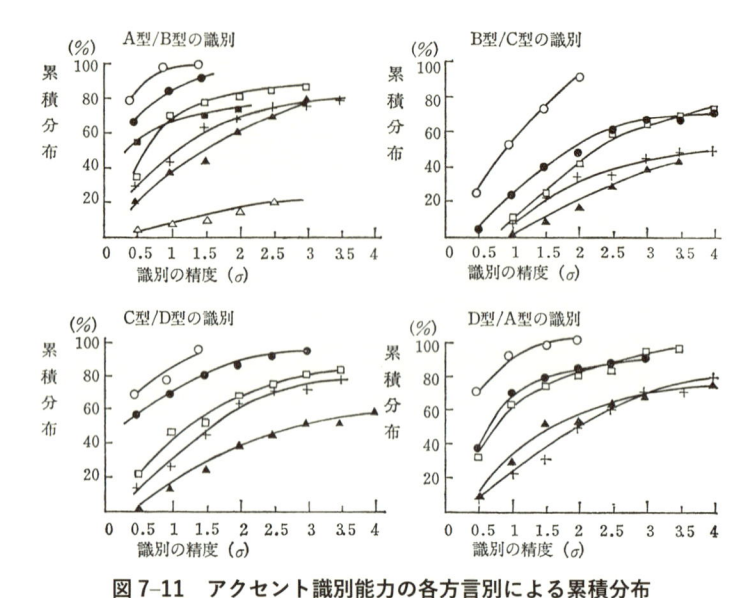

い。

　たとえば、祖母の話す方言アクセントに影響を受けて、方言アクセントが正確で安定しているおばあちゃん子の例があった。アクセント生成と知覚には興味深い多くの問題が含まれている。

　次に、無型アクセント地域の福井の高校生については、特別に、アクセントとはどういうものかという45分間の授業を試みた。内容は、主として東京アクセントを理解した後で、先のテストと同じ時間のテストを行い、成果を確かめた。すると教育の成果は上がり、無型アクセント地域の生徒の場合も、教育によりアクセントの知覚力は明らかに向上するという結果を得た。

　高校生がこれに熱心に参加し、楽しむ様子を見て、筆者もまた学ぶところがあった。教育には、学ぶ側が好奇心と意欲が持てるようなしくみと工夫を要することを実感した。熱心な協力いただいた校長先生はじめ先生方に、また、興味を持って参加された当時の生徒の皆さんに感謝したい。

こうして、日本語アクセントが、強さとはかかわりなく、高さにより判断されることが明らかとなった。さらに、問題の英語の場合も、アクセントの生成・知覚ともに高さがその決め手となることが明瞭になった。次には、それらを決定的なものとする音声言語医学による実験とその結果をのべることにしよう。

第8章 「筋電」
――脳からのアクセント指令

> ここまでの実験結果から、従来は強弱アクセントと考えられていた英語アクセントが、実は日本語と同様に高低の判断によることが明らかになってきた。
> そこで、音声言語医学の力を借り、この問題について、生理学的な手法によって確かめたいと考えた。その前に解決しなければならないのが、下降調アクセントを持つ関西アクセントについてであった。
> まず、関西アクセントを対象として、アクセント生成の特徴を明らかにし、続いて英語の発話時の筋電図についてのべることにしたい。

8–1 「筋電」とは？

　東大医学部の「音声研」での実験に参加するようにと勧めてくださったのは、東大言語学科の服部四郎教授だった。「音声研」とは、医学部の認知言語医学の分野に設置されていた「音声言語医学研究施設」のことである。服部教授は京大の泉井教授とはいつも学問上対立しておられたおかげで、当時言語学会の発表の場はいつも緊張感に満ち、まことによい研鑽の場であった。だが、泉井門下の私などへは、特別に風当たりが強くきびしいお方であったから、このお誘いは意外であった。しかし、生理学的実験に参加できたことはありがたかった。

　東大医学部の音声研の廊下で、広瀬肇教授に声をかけられた。氏は喉頭筋電図による研究のベテランであった。初対面のその場で、関西方言話者を対象として喉頭筋電図を撮るという共同研究の約束ができた。だが、筆者は東京出身者で、残念ながら関西アクセントの被験者にはなれない。幸いなことに、筆者の研究室で助手をしていた女性YIが関西アクセントには自信があ

り、自分にぜひやらせてほしいと申し出ていた。このため、彼女を2度上京時に伴い、音声研へ連れていった。他にも希望者があり、2人の被験者を得た。

まず、喉頭筋の各筋の筋電図を音声信号とともに多チャンネルFMデーターレコーダーで記録する。

図8-1には、側輪状披裂筋(LCA)、輪状甲状筋(CT)と、胸骨舌骨筋(SH)のそれぞれの位置を示した(広瀬・島田・Ohara, 1969)。なお、LCAはlateral cricoarytenoid(側輪状披裂筋)の略で声門を閉める機能を持つ。CTは

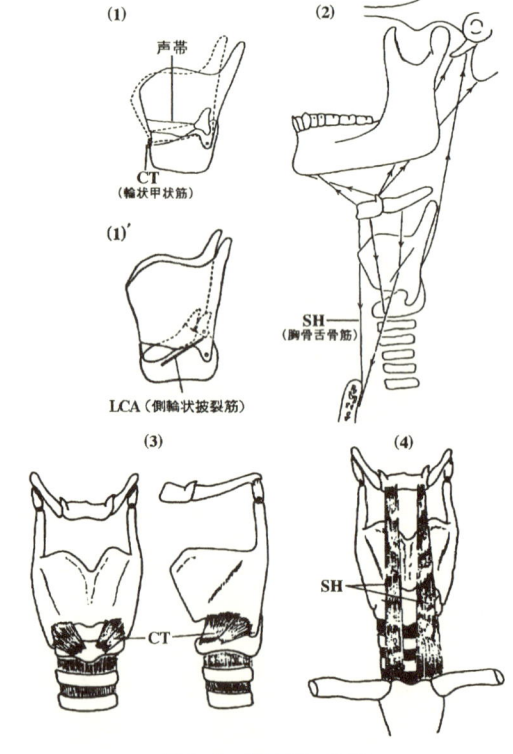

図8-1 喉頭筋の概略
(1)(1)′甲状軟骨(内部に声帯がある) (2)甲状軟骨とその上下の部分
(3)前面と側面からみたCT(輪状甲状筋, cricothyroid)
(4)前面からみたSH(胸骨舌骨筋, sternohyoid)(広瀬, 1997に基づく)

cricothyroid（輪状甲状筋）の略で高い声を出すときに機能する。SH は sternohyoid（胸骨舌骨筋）の略で、顎の下げに関係があるが、声下げに関係があるかどうかは、当時は疑問視されていた。

　それぞれの機能をまとめてみよう。

　LCA は声門を閉鎖するとき働く筋なので、声を出すときの神経指令と関係がある。

　CT は声の高さの調節に関与するとされる。この筋が収縮すると、声帯は後方へ引っぱられ、声帯の緊張が増す。

　SH は声の高さを下げる活動を示すが、他に顎の開大、舌の下げや後方への動きなどに対応した活動を示す。声を下げるには、CT の緊張がゆるむことが重要だが、SH がこれに関与するかどうかについては、当時は議論があった。

　筋電図は通常、コンピュータによって処理し、12 回の発話を加算して、その結果を示す。ただし、それでは現実の筋活動がどのように記録されるものかわかりにくいので、次の図 8–2 で筋電図の生データそのままを見てみよう（Sugito and Hirose, 1978）。

8–2　関西弁で話すときの「筋電」の特徴

　図 8–2 は FM データーレコーダーで「いみ」と「いみ」の発話を各チャンネルで記録したものである。各筋の活動電位を、フォトコーダーによって記録紙上に再生した。技術者は今川技官であった。

　上から順に、上記の LCA、CT、SH の活動電位を示し、下段は音声波形を示す。ここでは、音声波形のはじめの時間的位置に垂直の実線を付し、そこを 0 として持続時間を示している。

　各筋活動の振幅については、図の左側に、それぞれ 100μV（マイクロボルト）の目盛が示してあるので、参照していただきたい。左の図は、高く始まる○○型、右図は低く始まる○○型を発話したときの各筋の活動電位を示している。なお、発話者は関西方言話者 YI である。

　私たちは息をするため声帯の一部をいつも開いているが、声を出すには声

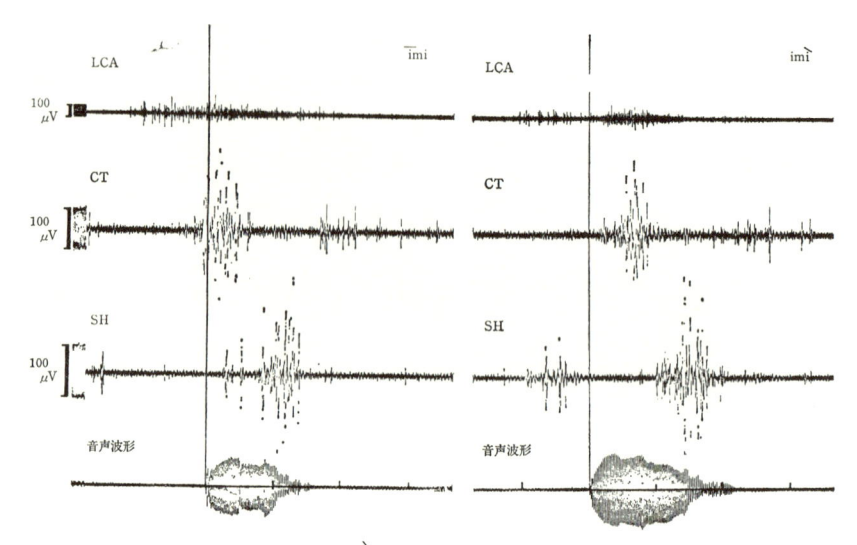

図 8-2　A 型イミ、B 型イミの発話時における CT および SH の活動

門(声帯のあるところ)を、瞬時に閉じる。アクセントの発話時には声を高めるため声帯はぴんと張る。その準備のために、LCA(側輪状披裂筋)が緊張する。

　次に脳から声を高めよとの指図が CT へ伝えられる。これによって声帯が引き伸ばされて高い声が出る。実験時には、その CT と、もう 1 つの筋 SH に、髪の毛より細い導線が入れてある注射針を刺入する。

　こうして採取された発話時の声の上げ下げに伴う CT または SH の活動を増幅する。これを記録することによって、喉頭筋の活動の実態を観察することができる(図 8-2)。声を高めるときに、CT が緊張する。東京アクセントについては、声を高めるのは、この CT の緊張によることがすでに明らかにされていたが、関西アクセントについては、これが初めての実験であった。

　とくに、SH については、声の上げ下げに関係があるかどうか不明とされていたが、顎の下げには明らかに関係がある。あごを上にあげて喉の左右を触ってみると、外から手で触ることのできる縦に 2 筋の長い筋があるが、それが顎と胸骨とをつなぐ SH、つまり胸骨舌骨筋である。これがどう働い

て声の高さと関連するのだろうか。口を開けて顎を下げるときに SH が収縮するというのは明らかだが、SH が声の上げ下げに関係するかどうかについて当時は明らかでなかった。

なお、以降では、喉頭筋電図は、同じ言葉を 12 回発話した場合のそれぞれのデータを加算平均した結果を示す。

8-3　英語で話すときの「筋電」は？

英語の場合については、英語 pérmit と permít に加えての実験例を図 8-3 に示そう。これらの筋電図は、アメリカのハスキンス研究所で採取されたものである（広瀬・沢島、1979）。

被験者には英語話者をとお願いし、筋電図が採取された。英語の単語アクセントが声の高さによるものであることを確かめることを目的としている。

次の図 8-3 (1) はその結果である。数種の節電図のうち、ここで問題とする喉頭筋 CT について、pérmit と permít の 2 種の発話の活動電位を記録している。各 12 回の発話を加算平均されたものである。

図 8-3 (2) は「￣イミ」と「イ＼ミ」を発話したとき、上が喉頭筋電図（CT）で下がピッチ曲線（下）である。関西方言話者 YI の「￣イミ」と「イ＼ミ」の筋電図の 12 回の発話の加算平均したものである。SH の活動電位は採取されていないので、関西方言話者 YI の場合も CT の活動電位だけを示した。下部はピッチ曲線である。

英語 pérmit と permít の場合にも、日本語「￣イミ」と「イ＼ミ」の場合と同様に、声上げに先立つ CT の活動や声下げに先立つ CT の弛緩が観察される。この図は、明らかに英語の 2 種のアクセントの相違が、輪状甲状筋（CT）の活動による声の上げ下げに伴うことを示している。

図 8-3 (3) は、india、indigenous、individual、individuality、individualization の 5 単語を発話したときの喉頭筋電図とピッチ曲線（下）である。これらはアクセントのある音節が 1 つずつ後ろにずれている。

どの単語もアクセントのある音節に約 0.1 秒先立って声上げの CT の活動が見られる。これら声上げの on/off の指令により喉頭筋 CD が活動し、声

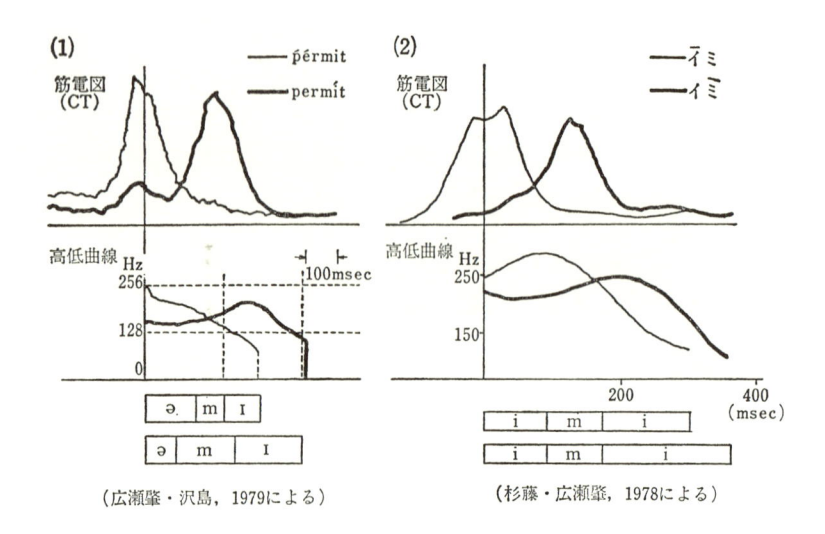

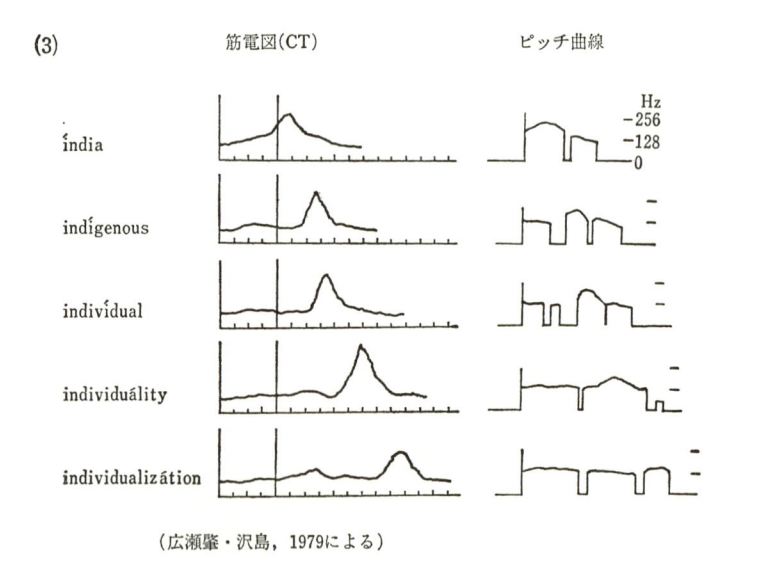

図 8-3 喉頭筋電図とピッチ曲線
(1)pérmit と permít、(2)イ̄ミとイ̇ミの喉頭筋電図(CT)(上)とピッチ曲線(下)
(3)アクセントが後にずれる5単語の喉頭筋電図(CT)(左)とピッチ曲線(右)

の高さの変化によってアクセントが生成されていることを示している。

先にものべたように、SHが声下げに先立って活動することについては議論がある。これは仮説であるが、英語の場合は、単語アクセントの発話においてSHは活動するとは限らない。SHは図8-2に示した関西アクセントのように、母音を高から低へ急に下降させ、さらに末尾の部分を低くする場合、あるいは、とくに始めに低く声を出すときに活動するもので、英語の場合には、むしろ強調が加えられたイントネーションにおいて声下げにSHを併用すると考えられる。

なお、英語アクセントの発話時における各喉頭筋の活動と声の高さとの関係を論じた論がある。そこでは、発話時のCTやSHなどの喉頭筋電図のほかに声門下圧も測定して、それと基本周波数との関係を論じている。Bev loves Bob. の文における各単語をそれぞれ強調した3つの文と、それらをそれぞれ問いにした文において、声の高さはCTと関係があり、また声門下圧とも関係があるが、さらにSHとはマイナスの関係があることが示されている。とくに、SHの活動が声の低さと関連のあることがのべられていることに注目していただきたい。

データを見ると、発話の実態がありありとわかる。SHは、従来声の上げ下げに関係しているかどうか疑問とされていた筋だが、関西アクセントの「アメ(雨)」のように、低く始まる型の、声を出し始める前と、単語の末尾に声を低く下げるその直前とに、脳からSHへ指令が入る。それらの類似の動きの実態が、そこでは示されていることに注目されたい。

8-4 [a]と[i]では発話時の「筋電」が違う

話は少し戻るが、関西方言者の喉頭筋電図を採取したときに、被験者に① /imi/ という音の組み合せで4種類のアクセントで発話を求めた。さてここで、なぜ /imi/ という単語を使ったか、/ame/ ではだめなのか、その理由が想像できるだろうか。

その答えは、/a/、/e/、/o/ などは発話で顎を下げるために、データに影響が生じる恐れがあるからである。それを避けるためには、狭母音 /i/ を使う

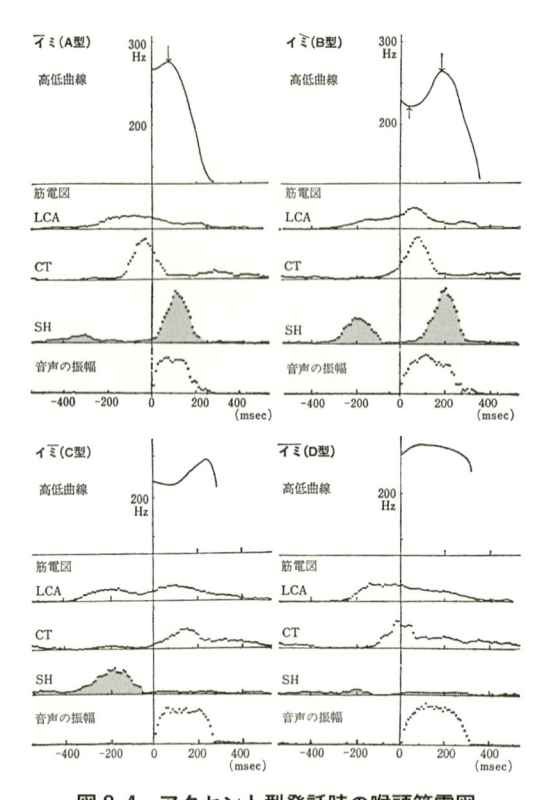

図 8-4　アクセント型発話時の喉頭筋電図
[imi] A～D 型の、上から、ピッチ曲線、LCA、CT、SH、音声の振幅 (話者 YI)

のが有効である。

　次の図 8-4 を見ると、低く始まる型のはじめに SH が働いている。また、最初が低くて、次が高く、そのあとで声を下げる型では、それぞれの声下げの前には SH が働いている。なお、A～D 型について、上から順に、ピッチ曲線、CT、SH、音声の振幅を示している。発話者は関西方言話者 YI である。

　1972 年に行ったこの実験によって、関西アクセントでは発話の仕方が東京方言と本質的に違うことが明らかになった。この結果を得て、筆者は自分が関西に移り住み関西の「雨降ってきた」という言葉をはじめて聞いたとき

に、なぜ、直ちにその口真似が出来なかったか、その理由がこの時はじめてわかった。発話時の生理的な特徴が違うのだ。

関西アクセントについてはかつて和田実(1947)により「高起式、低起式」の区別の提案があったが、今回のこの実験結果は、遅ればせながらその裏付けができたと言うことができよう。

このときの実験結果でわかったSHの働きについて、筆者は当時学会発表をしないように言われた。その理由を推測すると、同じ日本語でありながら東京の場合と大きく違うことへの疑いがあったからではなかっただろうかと考えている。あるいは、すでに発表された「日本語アクセントの生成モデル」と合致しないことが問題とされた可能性もある。

8-5　英語の「筋電」がほしいわけ

ちょうどそのころ、東大音声研の2人の教授がアメリカの研究所に2年間の滞在予定だということであったので、「pérmitとpermítをはじめとする英語の単語発話時の喉頭筋電図を採取していただきたい」とお願いし了解された。図8-3(1)と(3)に示した英語の資料がそれである。約束どおり、3年後にはデータの提供を受けることができたものである。

この実験資料には、アクセントのための声上げに先立つ時間的位置に、CTの活動が明らかに観察され、当地での実験結果と同様の事実が示されている。そこにSHの実験が入っていないのは残念だが、これはやむをえない。

喉頭筋電図採取のおかげで、関西アクセントの高低変化の実態がわかり、関西弁と東京弁とではアクセントの生成時に生理学的な違いのあることが明らかになった。

関西アクセントは、東京の場合と生成の段階で違い、東京アクセントでは声下げに使わないSHが、関西弁では使われている。「関西アクセントは高起、低起の別があるという考えは正しい」ということがこれで説明できた。

その上に、従来の定説に反して、英語のアクセントも、声の高さを制御する喉頭筋の活動によることが、確認できた。筆者が長年実測してきた音響的

な実験結果と、この点も一致した。
　従来「日本の各地の方言アクセントは、関西のアクセントがもととなって次第に異なるものへと変化していった」と考えるむきもあったが、これも事実ではないことも明らかになった。

　現在、東大の音声言語医学研究施設は一時的に閉鎖されている。筆者はそこで研究がさかんに行われている時期に参加し、アクセントの発話に関しても貴重な実験資料を得ることができた。当時の、沢島政行、広瀬肇両教授、及び今川博技官等の方々に感謝したい。

第9章 脳からの「アクセント指令」を観察する

> 「無声拍にアクセントがある」という現象は、「おそ下がり」とともに、日本語アクセントが高さアクセントとは言えない、その証拠であるとされた。声帯振動がない拍にアクセントがあるというのは、確かに理屈に合わない。しかし、仮にアクセントが無声拍にも存在すると言うのならば、当の無声拍が発話されるその時間帯において、生理学的にどういうことが生じているのか、それを確認する必要がある。ここではそのような、普通では不可能としか言いようのない実験にあえて挑戦し、音声医学の実験に参加して行った結果に基づいてのべよう。

9-1 「音」と「声」の組み合わせ

　無声拍では、声帯振動がないため、声の高さはその拍では実現しようがない。しかし、実は、少し遅れて、これに続く次の拍の母音のはじめが高く、続いて下降音調を作る例が観察される。これは、脳からのアクセント生成の指令によって生じる現象である。前述のように、下降音調の拍の前の拍は高く聞こえる。この現象は、アクセントのある高い拍に続く次の拍は下降音調であるという先の説明と附合する。

　こうして、「声を高めよ」という声上げの脳からの指図「筋電」が、声帯振動のない無声拍にも何らかの形で観察できるかどうか、これを調べてみることにしよう。

　図9-1は、2人の話者（上MM、下YI）が喉頭筋電図を採取するときに、12回発話したその時のピッチ曲線をそれぞれ重ね合わせたものである。左の図、①③は2つとも「クサ（草）」で、右の②④は「クシ（櫛）」である。これらは、それぞれ12回発話の第2母音の始点を、縦軸の線上にそろえて

示し、声の下がり目を▼印で示した。

　右図の②④の、kusi のピッチ曲線は似ているが、②④の kusi と左の①③の kusa とは、それぞれ大そう異なっている。また、上の話者 MM の /kusa/ は個々の発話の実際がわかるが、下の話者 YI による /kusa/ は左側の ku の部分（第1拍母音）は1例が見えているだけである。これは、話者 YI の発話が12回のうち、第1拍に声があるのは1回だけで、他はすべて第1拍母音を無声化しているためである。

　なお、「草」に対応する「櫛」の発音は、[kusi] でなく [kuʃi] である。ただ

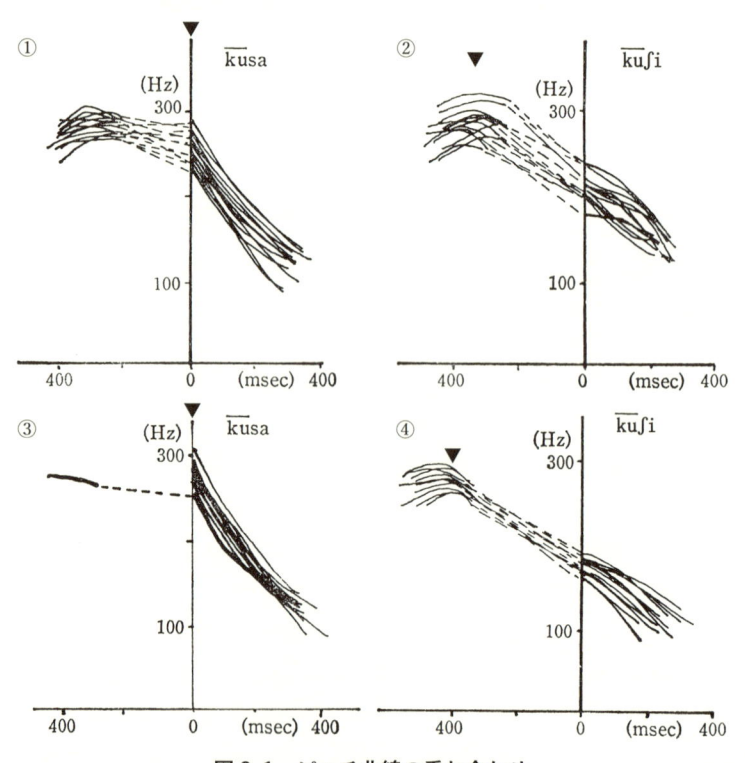

図9–1　ピッチ曲線の重ね合わせ

2人の話者（上は MM、下は YI）が、喉頭筋電図の採取時に発話した12回発話のピッチ曲線をそれぞれ重ねて示したもの。
図の①③は「クサ（草）」で、②④は「クシ（櫛）」。
声の下がり目を▽で示した。

し、[s] と [ʃ] の持続時間を話者 YI の [kusi] と [kuʃi] 各 12 回発話について調べたが、有意の差は見られなかった。

次に、左右 2 つずつの単語、kuʃi と kusa は、第 2 拍母音が /i/ と /a/ で違っているが、左右の図を比べるとピッチ曲線がそれぞれ大きく異なっている。

図には、矢印が声下げの時間的位置を示している。この時間的位置が、右図 kusi では第 1 母音 ku の終わり近く、つまり s (破線部分) の前にある。それに対して、左図の kusa では、それがずっとあとへ遅れて、s のあと、第 2 母音のスタートの時点、つまり第 2 母音 a の始まりの位置にある。kusa では [kuʃi] と比べて声下げが始まる時間的位置がかなり遅れている。

ここで、声を高くしたり低くしたりするときと、音を作るときとのタイミングについて、第 8 章で見た喉頭筋電図を図 9-2 でも観察することにしよう。

9-2　謎解きの答え──「音」と「声」のタイミング合わせ

関西アクセントの「kuʃi (クシ)」と「kusa (クサ)」の発話において、「高」から「低」へ声が下がりはじめる時間的位置 (＝声下げの始点) は、[kuʃi] では [ku] の終わり、[s] の始め近くにある。しかし、[kusa] の発話においては、黒三角が示すように 12 回の発話とも、これが遅れて、[s] のあと、つまり [a] の始点まで、声下げの位置が後ろへずれている。では、なぜ [kusa] では後ろへずれるのだろうか。

このとき、前章でのべたように、声を低く下げることと、[a] の音を作るために顎を下げることと両者の動きは、SH (胸骨舌骨筋) の働きによって同時に行われることが可能なはずである。そのタイミング合わせのために、声下げの指令の時点を、顎を開く [a] の発話の始点に合わせるのではないか。この場合、声下げの時間を遅らせて、[a] の発話で起こる顎下げと声を低くする声下げとの両者を、SH を使って同時に行うことが考えられる。

たとえば「櫛 [kuʃi]」の発話では、第 1 拍 [ku] の終わり近く、「クシ」の第 2 拍 [ʃi] の始め近くに声下げ (三角印) がある。第 1 拍が高く、第 2 拍が低く

なっているので問題はない。

　一方、草(kusa)では、[ku] の終りの時点では高さの変化はないが、第2拍 [sa] の [s] が終わり、第2母音 [a] が始まるその時点から、両話者の発話とともに声が「高」から「低」へと急に下がり始める。このとき、アクセントによる声下げが始まる時点と、顎を下げて母音 [a] を発音するその始点との時間的位置は完全に一致する。つまり、[a] の始点から声が低くなりはじめる。

　[a] の始まりの時点と声を下げる時点とが同時に起こるのはなぜかという疑問に応えるのが、次の図9–2である。右端に見られるように上から順に、(a) kusi、(b) kusa、(c) kusa の発話である。左図は、(a) (b) (c) ともにスペクトログラムの計測で、声の高さの時間的変化を示す。その右図は上が音声の振幅と喉頭筋電図CT（輪状甲状筋）、下がSHの活動を示す。

　注目点は (c) kusa では第1拍が無声化しているにもかかわらず、有声発話の (b) kusa の場合と同様、声を高めるCTの活動が明瞭に観察できることである。

　声を高く上げるには前述のCTが活動するが、声を下げるときにはSHが活動すると第8章でのべた。これを再度説明すると、次のとおりである。

　[kusa] の場合は、[kuʃi] の第2母音 [i] の始まりの時点に比べると、第2母音 [a] のスタートは遅れる。このとき、SHを使うことによって、[a] の発音のために顎を下げることと、声の高さを低く下げることとは、同時に行われるはずである。脳の働きがこういう形で時間とエネルギーを節約して、正確なタイミング合わせを行っている点は驚くべきことである。

　それほどに脳の働きは、厳しく精密に計算され整理され機能している。そうでなければ、たとえば、人が両手の指先を使ってごく細かい込み入った作業を行い、あるいは演奏家が右手でメロディを、左手で複雑な伴奏を奏でて聞き手を陶酔へと導く楽器さばきのタイミング合わせなどができるはずもない。

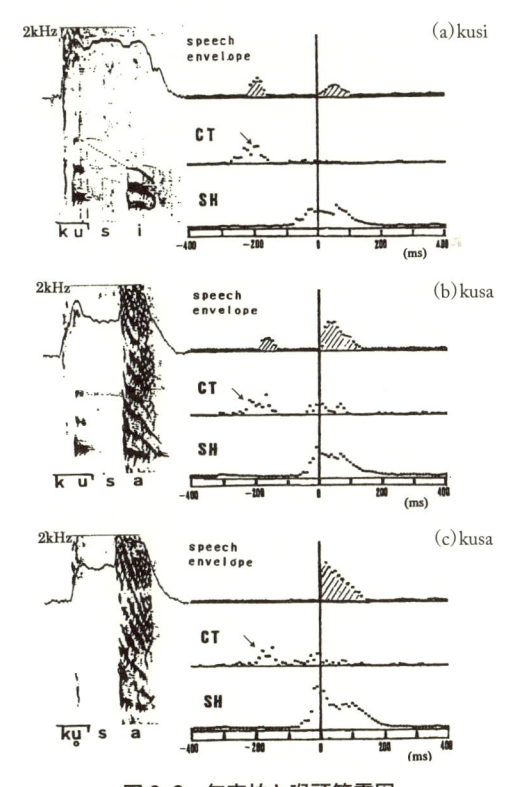

第9章 脳からの「アクセント指令」を観察する 91

図9-2 無声拍と喉頭筋電図

上から順に、(a) kusi (b) kusa と (c) kusa (第一母音無声化の例)
左図は、(a) (b) (c) ともに、スペクトログラム(声の高さの時間的変化を示す)。
その右図は、(a) (b) (c) ともに上から順に、音声の振幅、および、喉頭筋電図 CT、下段は同 SH の活動を示す。

注目点：(a) kusi、(b) kusa (c) kusa のうち、(c) kusa は第1拍が無声化しているが、有声発話の(b) kusa の場合と同様、声を高める「CT」の活動が明瞭に観察できる。

9–3 分かった！——日本語も英語も高さアクセントなのだ！

　欧米では、もともと英語の単語アクセントはストレスと呼ばれ、音の強さに、あるいは長さに基づく (Fry, 1955) との説が一般であった。
　しかし、先にのべたように Bolinger (1958) は、英語のアクセントの決め手は高さであるという結論を導いた。Break both apart. の文において、各音節中の母音の音源を強くした場合と、音を高くした場合とのいくつかの合成音声を用いた実験では、アクセントの知覚には、音源の強度よりも高さがより有効であると結論づけている。Bolinger によれば、「文中でアクセントのおかれる音節をきわだたせる要因は、高さの顕著さであって、そこへ少々余分な持続時間とやや余分な強さを加えたものがアクセントである。」とする。現在では、英語の音声合成は高さを主な条件としている。
　筆者の研究では、声の高さの動態を、日本語の主要な2方言（東京アクセントと関西アクセント）それぞれ550単語、および英語400単語について、全波長を測定して基本周波数の時間的変化の実態を比較し検討してきた。その結果、英語の単語アクセントも日本語の場合と同様に、声の高さの動的変化によるものであることが明らかになった（杉藤、1980, 1982）。なお、Bolinger は、上記のように「英語のアクセントは高さの顕著さ、そこへ余分な持続時間と余分な強さを加えたもの」とある。筆者の実験と類似点は見られるが、実験の内容については、明らかに、質量ともにスケールが異なる。その上、筆者の場合は、「高さ以外の他の条件」は一切必要でない。明らかに「日本語も英語も高さアクセント」である。これは筆者が長年かけて音響音声学的、心理学的、音声医学的実験等によって確かめることができた実験の結果であった。

第10章 英語と日本語のアクセントはどこがどう違うか

> 英語の単語アクセントは、強さによるものと従来は信じられてきた。が、ここまでの実験で、英語アクセントも、実は、声の高さの変化によることが明らかになった。これは、発話の生理学的実験の結果によっても明瞭である。
>
> この章では、例として、18人の英語話者と日本語話者に寓話 Two Bags の読みを求めて、両者の語りの相違点を明らかにしよう。日本語と英語ではアクセントの働き方が大きく違っている、そこに着目する。
>
> さらに、日本語話者の読みの特徴を明らかにするために日本語話者の「桃太郎」の語りとそれを英訳した 'Momotaro' の、両話者の英語読みの特徴についても説明のうえ、今後の英語教育への提言としたい。

10-1 英語と日本語のアクセントと語りの特徴

　第2章でのべたように、日本語のアクセントは1子音と1母音（または1母音）を単位とする。文字では1仮名文字であり、仮名文字で表現される「拍」を基本単位としている。そのため、子音が不明瞭になりやすい。それに対して、英語アクセントは音節が基本単位である。そこでは母音は1個に限らない。2連母音の場合もあり、また、その前後に複数の子音がつく場合もある。それらが1つの音節を形成している。

　日本語と英語のアクセントの違い、また、日本語話者と英語話者の話し方の違いをまとめると、次のようになる。

(A)　日本語のアクセント
　　　・話しことばの中でも、各単語アクセントによる高低を表現する。
　　　　⇒アクセントはそれぞれの単語の意味の区別に役立っている。
(B)　英語のアクセント

- 話しことばの中で各単語のアクセントは表現しない。その単語を強調する場合に、該当する単語のアクセントを生かしてそこを高める。つまり、
- 話者が話の中で強調したい単語の、アクセントのある音節を高く強くはっきり言う。こうして、
  ⇒ 話の要点をわかりやすく伝える。

(A') 日本語話者の話し方
- 読みを始めるとき、声を高くする傾向がある。
- 各単語のアクセントの高低を話の中でも表現する。このため、文中で声が上がったり下がったりする。
  ⇒ 聞き手には、話者がとくに強調したい点が何か明瞭でない。

(B') 英語話者の話し方
- 普通、楽な高さでやや低めに言い始める。
- 文中の各単語のアクセントはいちいち表現しない。
- 話者にとって重要な単語の、アクセントのある音節を強調して言う。結果としてそこは高くなる。
  ⇒ 言いたいことが何なのかそこを強調して話すので、聞き手には内容が理解しやすい。

10-2　日本語と英語18人の話者の語りの比較

　英語話者の英語と日本人の英語では、アクセントの表現がどのように違うかを調べるために、18人の話者を被験者として、次のような実験を行った。
　まず被験者を(A) 英語話者(英語教員)、(B) 日本語話者(英語教員)、(C) 日本語話者(学生)の3グループに分ける。被験者の出身地内訳は次のとおり。括弧内には被験者の生育地を示した。日本語話者は関西方言の話者に限った。

(A)　英語話者・英語教員：6人(アメリカ人—ネブラスカ州、ウィスコン

シン州、アイオワ州、ニューヨーク市出身、カナダ人―モントリオール市出身。イギリス人―バークシャー州出身）それぞれ出身地が異なることに注目されたい。
（B）　日本語話者・英語教員：6人(関西出身)
（C）　日本語話者・学生：6人(関西出身)

　前述の文章の読みをもとめ、ピッチ抽出を行った。英語話者は、生育地がバラバラであるにもかかわらず、彼らの語り方が類似している点に注目されたい。
　ここで実験素材としたのは短い寓話である。英語話者には英語で、日本語話者には英語と、日本語に訳したものと両者の読みを求めた。次にそれらの文章を示す。

英語
　Everyman carries two bags about with him. One in front, one behind, and both are full of faults. The bag in front contains his neighbor's faults, and the one behind his own. Therefore men do not see their own faults, but never fail to see those of others.

日本語
　人は誰でも、いつも、2つの袋を持っています。ひとつは前に、ひとつは後ろに。2つとも、過ちがいっぱい入っています。前の袋には、身近な人の過ちが、後ろの袋には自分の過ちが入っています。それで、人は、自分の過ちには気付かず、他の人の過ちは決して見のがすことがないのです。

　東京アクセントの場合を(1)に、あとには関西アクセントの場合を(2)に示す。上線を付加した部分は、各単語のアクセントの位置であり、日本語話者はそこを高く読む。ただし、東京の場合は「ふたつのふくろ」「ひとつはまえに」のように意味が連続している場合には後者の「高」は表現しない場

合も少なくない。

(1) 東京アクセントの例(単語アクセントを生かした読み)
　　ひとはだれでも、いつも、ふたつのふくろをもっています。ひとつはまえに、ひとつはうしろに。ふたつともあやまちがいっぱいはいっています。まえのふくろには、みぢかなひとのあやまちが、うしろのふくろにはじぶんのあやまちがはいっています。それで、ひとは、じぶんのあやまちにはきづかず、たのひとのあやまちはけっしてみのがすことがないのです。

(2) 関西アクセントの例
　　ひとはだれでも、いつも、ふたつのふくろをもっています。ひとつはまえに、ひとつはうしろに。ふたつともあやまちがいっぱいはいっています。まえのふくろには、みぢかなひとのあやまちが、うしろのふくろにはじぶんのあやまちがはいっています。それで、ひとは、じぶんのあやまちにはきづかず、たのひとのあやまちはけっしてみのがすことがないのです。

10-3　どの単語を強調するか

　上記の各グループ18人のピッチ曲線のうち、とくにアクセントによるピッチの高い部分に着目して、高さによって強調された単語数を調べて記録し、その結果をグループ別に集計した。次の図10-1は、(A)～(C)グループ内で、左に示す単語を高く発話した6人中の人数を各単語の右に棒グラフで示したものである。
　棒グラフは、左から(A)英語話者、(B)日本語話者(英語教員)、(C)日本語話者(学生)で、左端縦に記した文章中の各単語について、それぞれアクセントのある部分を高く発音した6名中の人数を、棒グラフにして示したものである。
　その結果、(A)はそれぞれの単語を高く発音した人の数が少なく、(C)の

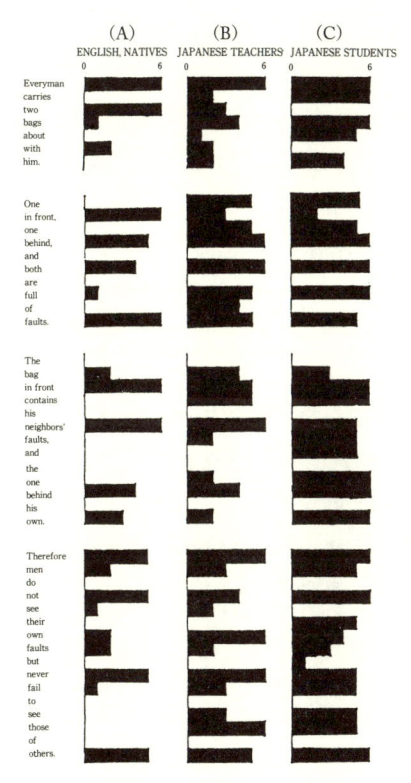

第10章　英語と日本語のアクセントはどこがどう違うか　97

図10-1　ヒストグラムによる(A)〜(C)グループの比較
(A)英語話者、(B)日本人英語教員、(C)日本人学生が、文章中のそれぞれ左に示す単語を高く発話した6人中の人数をヒストグラムで示したもの

場合は多く、(B)はその中間になっている。

なお、英語話者が6人中の全員または5人が高く発音した単語は、次のように本文に下線をつけた everyman、two、in front、faults、in front、neighbor's、therefore、not、never、others などである。これらの単語は、この物語のキーワードになっていることに注目されたい。

Everyman carries two bags about with him. One in front, one behind, and both are full of faults. The bag in front contains his neighbor's faults, and the one behind his own. Therefore men do not see their own faults, but never fail to see those of others.

　それとは対照的に、(C) グループの学生の発話では、ほぼ単語ごとに強調が入り、ちょうど日本語の場合に、文章中の各単語のアクセントを明示して読むのと類似のものである。
　英語について、日本語話者と英語話者に見られる異なる点をあげると、次のような点がとくに目につく。

① two bags
　この物語では、袋が前後に2つある点が重要なので、英語話者は two を強調するが、日本語話者は bags を強調する。
② one in front, one behind
　英語話者はこの物語で重要な、2つの袋の位置、front を強調し、日本語話者ははじめの one を強調する。なお、英語話者の behind は持続時間が長い。
③ full of faults
　これは重要語句である。英語話者が faults を強調するのに対して、日本語話者は full と faults の両方を高め、とくに full を高く言う傾向がある。さらに、次の点も重要である。物語中にこの faults が3回出てくるが、この中で、英語話者が高めるのは初出の faults だけであるが、日本語話者にはそのような傾向は見られない。

　このように見ていくと、日本人英語学習者の弱点が表出される。つまり、声に出して読み、あるいは話すときには話の内容と文の展開に則した音声表現を必要とする。しかし、日本語話者にはその配慮ができず、ワンパタンになりやすい。
　英語では話の中で、重要なことばを強調して言う習慣がある。それをするのがアクセントだ。きわだって聞こえる単語があると、それが記憶に残る。これが重要だ。
　英語話者は two を、日本語話者は bags を強調する。話のすじに重要なこ

とばをしっかり伝えておく必要がある。日本語話者には話の中でどの単語が重要かという考え方がない。つまり、話の関係性がないのである。音読指導などで大いに留意すべき点だろう。

10-4 どの部分を高めるか

次に、ピッチ曲線から Everyman carries two bags about with him. の部分だけを取り出し、英語話者の場合はどう読み、日本語話者はどう読んだのかを観察する。

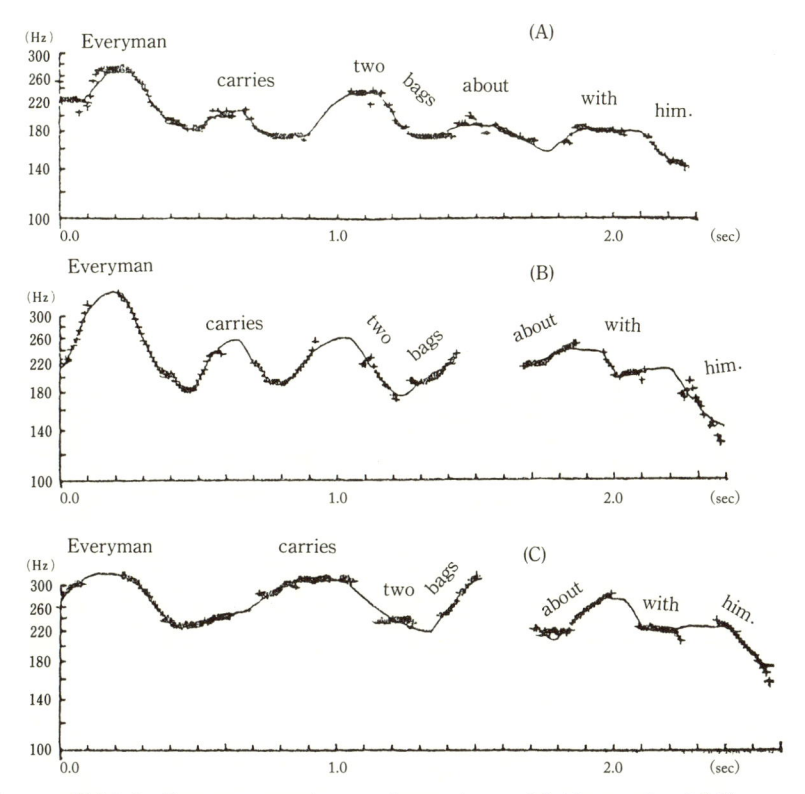

図 10-2　Everyman carries two bags about with him. のピッチ曲線
　　(A)英語話者、(B)日本語話者(英語教員)、(C)日本語話者(学生)

第 1 の文 Everyman carries two bags about with him. では、最初の Everyman をすべての話者が強調して高く読んでいる。ここでは、この語が重要で、「(「私は持っていない」などという例外なしに)誰でも 2 つの袋を持っている」と、「誰でも」という語をとくに強調したいところだ。

　次に、英語話者は Two bags の two を高めているが、日本語話者は two を低く、bags を高く言う。この物語では袋が 2 つあることが重要であり、それゆえ two が強調される。

　次の図 10-3 は第 2 文 One in front, one behind, and both are full of faults. のピッチ曲線である。

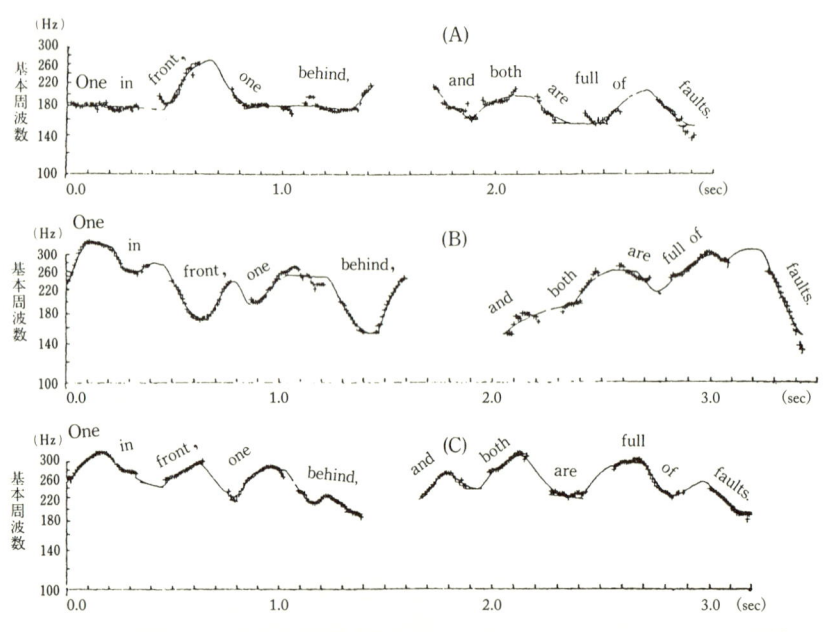

図 10-3　One in front, one behind, and both are full of faults. のピッチ曲線
　　(A) 英語話者、(B) 日本語話者(英語教員)、(C) 日本語話者(学生)

　英語話者はこの物語で重要な 2 つの袋の位置を示す in front と behind を強調し、one は低く発音する。日本語話者の発音はどれも one が高く、意味の表現よりもポーズのあとの始めの発話を高め、ワンパタンになる。

また、この物語の重要語句である full of faults では、英語話者が faults を強調するのに対して、日本語話者は full を高めて言う傾向がある。日本語話者は前置詞、冠詞、are, do などは低く言っているが、その話の中での重要単語に着目する傾向が見られない。同じ文章の日本語訳の朗読においても特に重要語句に留意することはなかった。
　英語話者は、文章中の重要な単語を高めて強調している。その点を学ぶべきで、そうしなければ英語らしく聞こえず、また、聞き手に話が伝わりにくい。
　英語学習者は、図を見ながら、声の高低変化を英語話者に合わせ、ぜひ声に出して読んでほしい。声の高さの変化に気をつけながら読んでみると、日本語話者が普通に読み、語る英語と、英語話者の英語とは、アクセントの表現が違うことに気づくと思う。
　「アクセント」が、英語ではどういう働きをするか、日本語の場合とどう違うか。このことをはっきり理解していると、私たちが英語を使うとき、話がよく通じ、伝えたいことが理解してもらいやすくなると思われる。
　単語のアクセントは話の中でそのことばを強調したい時に、そこを高く強めて言う。それは聞き手の記憶に残る。これが重要だ。
　日本語アクセントは同音の単語の意味の区別に役立てる。両者の役割は全く異なるので、このことを理解する必要がある。

10–5　18人の英語話者と日本語話者が語る"Two bags"のさまざま

　「2つの袋」の読みで分かるように、日本人の読みは各単語のアクセントを忠実に表現する読みである。英語話者は単語アクセントをそのままに表現するわけではない。この違いをよく理解する必要がある。

　Two bags の場合、英語話者と日本語話者（教員）および学生の読みはまるで違っていた。少なくとも日本語話者は単語アクセントを忠実に表現するが、英語話者は重要単語のアクセントはきっちり表現するものの、他の単語のアクセントは表現しない。

そのため、英語話者の読み、あるいは語りは、言いたいことが聞き手に分かりやすいが、一方、日本語話者の読みにおいては重要単語が耳立たないため、聞き手に分かりよいとは言えない。

10-6 日本語話者の「桃太郎」と、英語話者の「Momotaro」、語りの違いは？

日本の昔話で多くの人が諳んじて語れるものとして、「桃太郎」がある。この話は明治時代の国語の教科書に載っていた。予備実験をした時に分かったのだが、「桃太郎」はどの年配の方々も快く正確に読んでもらえる昔話である。なぜなら昔の教科書（1890年・明治23年）に載っていたからだ。これを日本全国の108地点以上の地域での録音を収集したことがある（「日本語音声」(2005)）。その中で一人一人の方言話者の読みが優れた語りになっていることに感心した。ピッチ曲線を見ると、英語話者が Two bags を読むのと類似の生き生きした読みも少なくなかった。

ただし、初出の桃をも高くあるいは強く言わず、桃の読みには、英語話者とは明らかに違いがある。しかし、ストーリーとしての強調のしかた、相手にわかるように語ることについては日本の方言話者も優れた語りをする例があることが、明らかになった。

アクセントの利用の仕方は確かに英語と違う。しかしストーリーの重要な点を明瞭に言い、語り方の面白さという点では、各地方の70歳以上の方々の語りの方が、明らかに上手であった。ここで、「桃太郎」のもとの日本語のものと、英語に訳した例とを示そう。

桃太郎

　　　むかしむかし、あるところに、おじいさんとおばあさんがありました。おじいさんは山へしばかりに、おばあさんは川へ洗濯にいきました。

　　　おばあさんが川で洗濯をしていると、川上から大きな桃がどんぶらこどんぶらこ流れてきました。おばあさんはその桃を拾って家へ帰りま

した。

　おばあさんが桃を切ろうとすると、桃が2つにわれて、中から大きな男の子が生まれました。おじいさんとおばあさんはその子に桃太郎という名をつけました。

Momotaro
　Once upon a time, there lived an old man and an old woman. The old man went to the mountain to gather twigs, and the old woman went to a stream to do the washing.

　When the old woman was washing clothes, she saw a big peach floating towards her on the water. She picked up the peach and went home with it.

　The old man and woman cut open the peach, and found a boy inside. They named him MOMOTARO.

これを、教育関係者の読みと各地方の年配者の方々が読んだ結果とを比べてみた。

10-7 朗読のイントネーションパタン

　朗読音声のイントネーションには共通点がある。多くの話者が高く発音した部分に下線をひき太字で示すと、次のようになる。それらは、単語アクセント（東京アクセント）の位置にあたる。

　　むかしむかし、あるところにおじいさんとおばあさんがありました。おじいさんはやまへしばかりに、おばあさんはかわへせんたくにいきました。おばあさんがかわでせんたくをしていると、かわかみからおおきなもも(1)がどんぶらこどんぶらことながれてきました。おばあさんはそのもも(2)をひろっていえへかえりました。もも(3)をわるとなかから・・・

文章中の「もも」には初出の場合に (1)、次に (2) (3) と番号をつけた。重複する言葉は、「もも」の他に「おばあさん」が4ヶ所、「おじいさん」が2ヶ所ある。それらはどれも高くはっきり読み、「桃」は (1) が低く（図1の「桃」の部分参照）、(2) (3) は高く読まれている。
　(1) は最初に出てくる重要単語であるが、「大きな桃が」の「大きな」に強調がはいり、多くの話者は「桃」を低く、短く弱く発音している。(3) は文頭にあり、やはり高く発音されている。
　多くの話者の読みはこのように、内容をわかりやすくする意図等とは関わりなく文中の位置や先行するポーズの有無によって高さが変わっている。

10-8　英語話者と日本語話者の「英語アクセント」の、根本的な違い

　さて、これらの話が英語で書かれている場合、英語話者はどう読むか。また、さきに日本語を読んだ日本人の英語はどうか。

　　Once upon a time, there lived an old man and an old woman. The old man went to the mountain to gather twigs, and the old woman went to a stream to do the washing.
　　When the old woman was washing clothes, she saw a big peach floating towards her on the water. She picked up the peach and went home with it.
　　The old man and woman cut open the peach, and found a boy inside. They named him MOMOTARO.

　4名の英語話者の読みのうち、3名以上が高く読んでいる部分に下線をつけて示した。日本語では、形容詞や副詞、なかでもオノマトペなどは強調して言う傾向がある。一方、それらの前後にある単語は、文章中での重要度とは関係なく、低くおさえられる傾向がある。
　上記の英訳した「桃太郎」においても、日本人が読んだ場合には、重要な単語を高く明瞭に発音するとは限らない。例えば Momotaro の old man、

old woman 等の場合に old をいつも高く発音する傾向がある。また、おじいさん・おばあさんの日本語の読みと同様、話者 6 人とも big peach の **big を高く、peach を低く**発音している（英語では同じ単語は繰り返さずに代名詞を使う。このため初出の単語ははっきり言う必要がある。このように文法規則が違えば音声表現の仕方も違うのは当然であるが）。

例として、図 10-4 にはアメリカ人と日本語話者の「大きな桃がどんぶらこ…」に対応する she saw a big peach floating…の部分の音声波形とピッチ曲線を一例ずつ示した。音声波形の振幅から声の強さを、またピッチ曲線から声の高さの変化を観察しよう。この英語話者は big をやや高く、peach をとくに高くきわだたせているが、日本語話者は 6 人とも big を高く peach を低くおさえている。つまり、日本語の場合の「大きな桃」の読み方と同じである。このような点をとくに注意して読まなければならない。

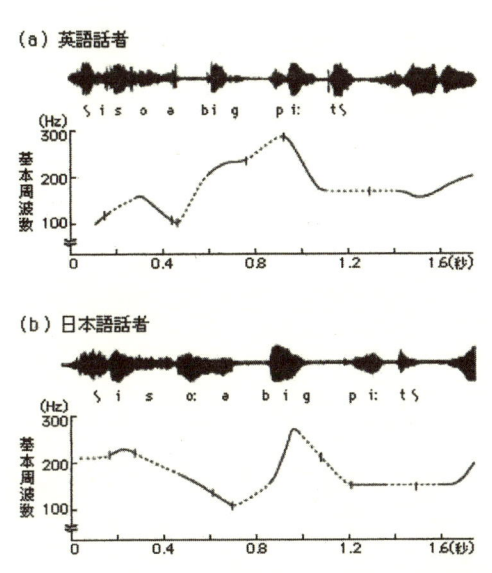

図 10-4　she saw a big peach floating…のピッチ曲線と音声波形
　(a)英語話者は piːtʃ の piː が高いが、(b)日本語話者は big が高い。

図 10-5 には (a) に英語話者、(b) に日本語話者の、peach の部分のピッチ曲線をそれぞれ重ねて示した。日本語話者の場合は、さきの「桃太郎」の

(1)(2)(3)の場合と同じように「大きな」(big)を前につけた主要な単語(1)peachを低く、(2)と(3)のpeachを高く言っている。これは日本語話者の英語のイントネーションが英語話者の場合とは全く違うことを示している。日本人の英語が相手に分かりにくい原因の1つがここにもあると思われる。

(a) 英語話者

(b) 日本語話者

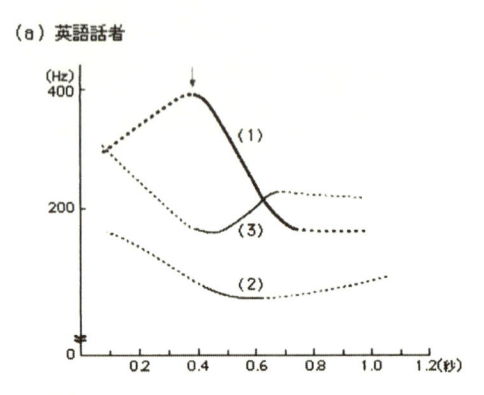

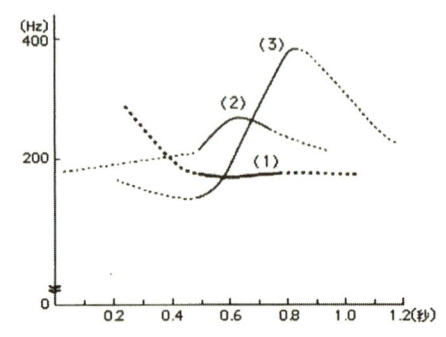

図10-5　peach (1) (2) (3)の部分のピッチ曲線を重ねたもの

10-9　英語の発音指導にぜひ生かすこと
　　　——日本語、英語のアクセントのちがい

　日本語の場合は、各単語についてアクセントのある部分が決まっている。文中の場合も単語アクセントの高低を常にそのまま生かして読み、あるいは

話す。それに対して英語では、それぞれの単語ごとにそのアクセントを表現してそこを高く読むということはしない。強調したい単語の、アクセントのある音節だけを高く明瞭に言う。それでとくに言いたいことは何かが、聞き手によくわかる。日本語と英語のアクセントの音声表現で際立って違う点はここにある。

　英語話者に理解しやすい英語を発話できるように語るためには、このような問題点を発音指導や音読指導で分からせることが英語教育の上で特に重要なことである。

あとがき

　従来、日本語は高低アクセント、英語は強弱アクセントとされてきた。
　しかし、東京と大阪のそれぞれ生粋の話者の発話による 500 単語余り、また、英語話者の 400 単語余りについて、音声波形の各波長を実測した結果、アクセントは、いずれも声の高さと音調の動態によるものであることが明らかになった。さらに、合成音声を用いた実験を行い、アクセントが強さの変化とは関係がなく、高さの変化によって知覚されることもわかった。その上、音声医学的な手法、つまり、喉頭筋電図の採取によって、日本語のアクセントと同様英語のアクセントも、ともに声の高さの変化によるものであることが明示された。
　アクセント生成の実態は、今までのべられてきたような強さによるというのは正当ではなく、英語も日本語もともに声の高さの時間的変化によるものであることが、音声医学的実験によっても明瞭になった。さらに、共同研究により 40 種のピッチ曲線を持つ合成音声を作成でき、高校生を対象として方言アクセント話者についてアクセントの知覚実験を行った。その結果、アクセントの知覚は高さによるものであり、これには個人差や方言差があること、またその結果から導き出された情報はアクセント教育にも大きく貢献する可能性があることがわかった。
　日本語の単語は、音の組合せと声の高さの変化によるアクセントとで作られる。英語の場合も同様である。しかし、声に出して話すとき、英語の場合は、話し手にとって重要な強調したい言葉の、アクセントのある音節だけをとくに高めて明瞭に言う。これによって聞き手にとって話の内容が理解しやすくなる。それが英語アクセントの、日本語の場合と大きく異なる特徴である。
　これらの実験によって、従来の説とは違い日本語と英語のアクセントはと

もに音の高さによることが明らかになったが、注意すべきは、両言語の「アクセントの働き方」には違いがあるという点である。このようなアクセントの働きの違いを理解することは英語教育においてもとくに重要であり、教育に当たっては、日本語と英語のアクセントのこのような相違点を理解し、正しく教える必要がある。

さらに、日本語で話す場合にも、話の重要点をとりわけ明確に言う配慮が必要であり、とくに伝えたいことを、相手に伝わるようにわかりやすく話す習慣をつけるように心がけたい。その上で、英語の場合にはとくにアクセントの使い方が違うことをあらためて認識し、教育の上でも考慮しよう。

この長年にわたり生涯の仕事として持続したこの研究の背後には次のことがあった。当時京都大学教授、故泉井久之助先生のもとへ数年がかりの測定結果を持参したときに、「これを動態測定と名付けよう。今後これでいけ！」との「一言」があったことが忘れられない。その作業の基となったのは、はじめにのべたように機器などを次々に与えられた当時のソニーの植村三良研究部長との出会いであった。なお、本書の執筆は、國廣哲彌東大名誉教授のお勧めによる。お礼を申しのべたい。家族の健康と寛容さに恵まれたことに対しても心から感謝したい。

国語の教育とともに、英語教育が、現在重要な問題となっている。その背後には、地道で根気のいる両言語の実態の研究が必要である。この書がそれに役立つことになれば幸せである。人間に授けられている話しことばの音声の研究は奥深く興味の尽きないものであり、なおも検討を続けることを念願している。

2011 年秋　杉藤美代子

この研究には次の科学研究費補助金による研究成果が一部含まれている。
・基盤研究（A）「日本語・英語・中国語の対照に基づく、日本語の音声言語の教育に役立つ基礎資料の作成」(2004–2008、課題番号 16202006)

・基盤研究（C）「国語科の文法教育と英語科の文法教育の連携に向けての基礎的研究」（2005–2008、課題番号 17530657）

参考文献

Armstrong, L. E. and I. C. Ward. (1926): *Handbook of English Intonation*. Cambridge: Heffer.

Atkinson, J. E. (1978): Correlation analysis of the physiological factors controlling fundamental voice frequency. *Journal of Acoustic Society of America* 63.

Bloch, B. & Trager, G. L. (1942): The syllabic phonemes of English, *Language* 17.

Bloomfield, L. (1933): *Language*. New York: Holt.

Bolinger, D. (1958): A theory of pitch accent in English. *World* 14.

Cheung, J. Y., A. D. C. Holden and F. D. Minifie. (1977): Computer Recognition of linguistic stress patterns in connected speech. *IEEE Transactions on Acoustics, Speech, and Signal Processing*. June. IEEE Signal Processing Society Press: Los Alamitos. California.

Edwards, E. R. (1904) 高松義雄訳(1969):『日本語の音声学的研究』恒星社厚生閣.

Fromkin, V. and J. Ohala. (1968): Laryngeal control and a model of speech production. *UCLA Working Papers in Phonetics* No. 10.

千葉勉(1935):『実験音声学上から見たるアクセントの研究』富山房.

千葉勉・梶山正登(1942):*Vowel, Its Nature and Structure*. 杉藤美代子・本多清志 訳 (2003):『母音―その性質と構造―』岩波書店.

Fry, D. B. (1955): *Duration and intensity as physical correlates of linguistics*. Journal of Acostical Society of America 27. Acoustical Society of America: New York.

藤村靖(1967):『日本語の音声―言語形式の音形記述から音波までの道程』NHK 文研創立 20 周年記念論文集、NHK 出版.

藤村靖(2007):『音声科学原論―言語の本質を考える』岩波書店.

藤崎博也・須藤寛(1971):「日本語単語アクセントの基本周波数パタンとその生成機構のモデル」『日本音響学会誌』27.

藤崎博也・三井康義・杉藤美代子(1974):「近畿方言の 2 拍単語アクセントの分析・合成及び知覚」『日本音響学会講演論文集』3-2-18.

Fujisaki, H and M. Sugito (1976): Acoustic and perceptual analysis of word accent types in the Osaka dialect. *Annual Bulletin* 10, Research Institute of Logopedics and Phoniatrics. University of Tokyo.

Fujisaki, H., H. Morikawa and M. Sugito (1976)：Temporal organization of articulatory and phonatory controls in realization of Japanese word accent, *Annual Bulletin* 10. Research Institute of Logopedics and Phoniatrics, University of Tokyo.

藤崎博也・杉藤美代子(1977)：「音声の物理的性質」岩波講座日本語5『音韻』岩波書店.

藤崎博也・杉藤美代子(1978)：「近畿方言単語アクセント型の分析及び知覚」『日本音響学会誌』34-3.

服部四郎(1931-33)：「国語諸方言のアクセント概観」(1)～(6)『方言』1巻1章3章4章, 2巻1章4章, 3巻6章. 春陽堂.

服部四郎(1951)：『音声学』岩波書店.

服部四郎(1960)：『言語学の方法』岩波書店.

平山輝男(1940)：『全日本アクセントの諸相』育英書院.

平山輝男(1957)：『日本語音調の研究』明治書院.

広瀬肇・島田純・J. Ohara (1969)：「単語アクセントに関する輪状甲状筋の作用」『日本音響学会講演論文集』3-2-1.

広瀬肇・沢島政行(1979)：「英(米)語のストレスにおける喉頭調節」『日本音響学会音声研究委員会資料』S79-16.

広瀬肇(1997)：「アクセント・イントネーションはどのようにして作られるか」『日本語音声[2] アクセント・イントネーション・リズムとポーズ』監修・杉藤 三省堂.

井上奥本(1916)：「語調原理序論一～六」、『國學院雑誌』22巻1-4号、7-10号.

Jones, D. (1909)：*The Pronunciation of English*. Cambridge Univ. Press: Cambridge.

Jones, D. (1932)：*An outline of English Phonetics*. Cambridge: Heffer.

金田一春彦(1943)：「国語アクセントの史的研究」日本方言学会編『国語アクセントの話』. 春陽堂.

金田一春彦(1944)：「類聚名義抄和訓に施されたる声符に就て」『国語学論集』岩波書店.

金田一春彦(1967)：『日本語音韻の研究』東京堂出版.

金田一春彦(1974)：『国語アクセントの史的研究——原理と方法』塙書房.

Ladefoged, P. (1962)：Subglottal activity during speech. *Proceedings IVth International Congress of Phonetic Sciences*. Mouton, the Hague.

Lehiste, I. and G. E. Peterson (1958): Vowel amplitude and phonemic stress in American English. *Ann. Arbor*, Michigan: Speech Research Laboratory. University of Michigan.

Liberman, A. M. and F. S. Cooper (1962): A motor theory of speech perception. *Procedings. Speech Communication Seminar*, Stockholm.

Liberman, P. (1967): *Intonation, Perception, and Language*. MIT Press: Massachusetts Cambridge.

Lindblom, B. (1963): Spectrographic study of vowel reduction. *Journal of Acoustic Society of America* 35. Acostical Society of America: New York.

Mattingly, I. (1966): Synthesis by rule of prosodic features. *Language and Speech* 9.

Meyer, E. A. (1906): Der musikalishe Wortakzent im Japanischen. *Le Monde Oriental*, Uppsala University. pp. 77–86.

村山七郎編訳(1976): ポリワーノフ, E. D. 『日本語研究』弘文堂.

Nakatani, L.H. and C. H. Aston (1979): *Acoustic and linguistic factors in stress Percrption*. Bell Laboratories, 07974: New Jersey.

Neustupný, J. V. (1966):「日本語アクセントは高さアクセントか Is the Japanese accent a pitch accent?」『音声学会会報』121.

Öhman, S. (1967): Word and sentence intonation, a quantitative model. *QPSR* 2–3. Royal Institute of Technology.

Palmer, H. E. and W. G. Blandford (1924): *A Grammar of Spoken English on a Strictly Phonetic Basis*. Cambridge: Heffer.

ポリヴァーノフ, E. D., 村山七郎編訳(1976): 西日本語の音楽的アクセント『日本語研究』弘文堂.

Поливанов, Е. Д. (1928): *Введение в Языкознание для Востоковедных Вузов*. Ленинград:

佐久間鼎(1929)『音声の研究』文学社.

Stevens. K. N. (1960): Toward a model for speech recognition, *Journal of Acoustic Society of America* 32.

杉藤美代子(1965):「柴田さんと今田さん——単語の聴覚的弁別についての一考察」『言語生活』40–6.

杉藤美代子(1969):「動態測定による日本語アクセントの解明」『言語研究』55.

杉藤美代子(1970):「日本語母音の動態測定とアクセントの認識」『音声科学研究』V.

杉藤美代子(1971):「無声拍とアクセントの問題」『日本言語学会第64回大会資料』.

杉藤美代子(1972):「"花籠""はな・かご"と{サクラガ}サク考—動態測定による日

本語アクセントの研究」『大阪樟蔭女子大学論集』第 10 号．
杉藤美代子・藤崎博也（1976）：Accentual characteristics of one-and two-mora words in the Osaka dialect. 世界音声学者会議発表資料（於上智大学）．
Sugito, M. and Hirose, H. (1978)：An electromyographic study of the Kinki accent, *Annual Bulletin* 12. Research Institute of Logopedics and Phoniatrics, University of Tokyo. pp.35-51.
杉藤美代子（1980）：「"おそ下り"考─動態測定による日本語アクセントの研究」徳川宗賢編『論集日本語研究 2　アクセント』有精堂出版．
杉藤美代子・藤崎博也（1980）：「方言話者におけるアクセントの生成と知覚」『日本音響学会講演論文集』1-6-16．
杉藤美代子（1980）：「アクセントイントネーションの比較」『日英語比較講座Ⅰ　音声と形態』（國廣哲彌編）大修館書店．
杉藤美代子（1982）：『日本語アクセントの研究』三省堂．
Sugito, M. (1994)：*An overview of studies on Japanese prosody,* Study of Sounds 23, pp.227-271, Phonetic Societty of Japan.
杉藤美代子（1995, 1996a）：『大阪・東京アクセント音声辞典 CD-ROM』丸善．
杉藤美代子（1996b）：『日本語音声の研究 2　日本人の英語』和泉書院．
杉藤美代子（1996c）：*SUGI Speech Analizer*（杉スピーチアナライザー）アニモ．
Sugito, M. (2003)：Timing Relationships between Prosodic and Segmental Control in Osaka Japanese Word Accent, *Phonetica* 60(1), pp. 1-16. Karger AG: Basel.
杉藤美代子（2005）：「全日本の 105 地点と 13 都市 5 世帯の話者による方言音声の集大成─ DVD 版「日本語音声データベース」─」『日本語の研究』第 2 巻 2 号．日本語学会．
杉藤美代子・筧一彦（2005）：「DVD 版「日本語音声データベース」の完成」『音声研究』9-3．
杉藤美代子（2005）：「乳幼児と母親との対話音声データベース─エミちゃん」『音声研究』9-3．
沢島政行・広瀬肇・本多清志・杉藤美代子（1980）：「調音と音調制御の時間的関連について 2 拍無意味語における所見」『日本音響学会講演論文集』1-6-5．
徳川宗賢編（1980）：『論集日本語研究 2　アクセント』有精堂出版．
Trager, G. L. & H. L. Smith (1951)：*An Outline of English Structure, Norman.* Battenburg Press: Oklahoma.
和田実（1947）：「アクセント型・観・表現法」『季刊国語』昭和 22 年秋季号．

山田武太郎(美妙)(1892):『日本大辞典』明法堂.
『NHK日本語発音アクセント辞典　新版』(1998)日本放送協会出版.
『何曽(なぞ)』(1516)後奈良院御撰.
『類聚名義抄』(1100頃成立)観智院本(改編本 1251).
DVD 版『日本語音声』データベース(2005)財団法人名古屋産業科学研究所中部 TLO.

索引

英字

Bolinger　37, 92
cricothyroid　79
CT　78, 80, 90
E. A. マイアー　44
Fry　36
lateral cricoarytenoid　78
LCA　78, 80
mora　15
MRI　4
Öhman　38, 66
on/offの指令　81
SH　78, 80, 90
sternohyoid　79
syllable　15

あ

アクセント　2
アクセント位置　58
アクセント型　24, 61, 72
アクセント型の聞こえ　69
アクセント記号　19, 47
アクセント指導　72
アクセント生成　74, 87
アクセント生成モデル　67
アクセント台形曲線　66
アクセント地域　72
アクセント知覚　73
アクセントの生成モデル　85
アクセントの知覚　36, 38, 61, 69, 73, 92
アクセントの歴史的・地域的パタン　46
アルファベット　20

い

イントネーション　3, 103

え

英語アクセント　53, 70, 83
英語学習者　20, 98, 101
英語のアクセント　54, 85, 93
英語話者　93, 94

お

オープンリール　vii
オシロコーダ　iii
おそ下がり　39, 40, 44, 62
音を作るときの舌の位置　18
音感　73
音響学　37
音声教育　16
音声合成　37
音声指導　17
音声の自動認識　37
音声波形　vi, 29, 30, 59
音声分析　37
音節　15, 93
音調　33
音読指導　99

か

下降音調　27, 36, 47, 49, 52, 62
下降調　35, 44
鹿児島　26
梶山正登　39
仮名文字　93
関西アクセント　2, 40, 42, 80, 83, 84, 85, 89, 92, 95
関西のアクセント　24, 26, 27, 28, 32, 49
関西方言　42, 47, 53, 66, 70

き

基本周波数(F0)　31
基本周波数曲線　65
基本周波数パタン　67
胸骨舌骨筋　78
強弱アクセント　33, 36, 48, 53
強調　98

こ

口蓋　6
高起式　85
硬口蓋　6
合成音声　iii, 64, 65, 92
合成語　48
合成による分析　38
後続拍　48
高知アクセント　28
高低アクセント　33, 36, 39, 48
喉頭筋電図　77, 83, 85, 87, 90
声　1
声上げ　81
声下げ　84, 89
声下げの始点　89
五十音図　16

さ

佐久間鼎　40
サンスクリット語　16

し

子音　8, 10, 18
持続時間　37, 55, 98
上昇調　33, 44
声点　23, 47
唇音　19

す

ストレス　92
スペクトログラム　90

せ

声帯　1
声道　3
声門下圧　83

そ

促音　11

側輪状披裂筋　78
ソニー研究部　iii

た

タイミング　2, 89
高さアクセント　92
谷川俊太郎　9
単語アクセント　33, 35, 60, 81, 92
単語文　60
短母音　20

ち

知覚実験　51, 71
千葉勉　39
長音　11
調音参照説　38

て

低起式　85
デンスケ　v, 47, 59

と

東京　26
東京アクセント　2, 13, 23, 28, 30, 32, 40, 70, 80, 85, 92, 95
東京方言　55
東京方言話者　40
十津川村　32

な

何曽　18
軟口蓋　6

に

日本語教育　17
日本語のアクセント　93
日本語話者　20, 93, 94
乳幼児期　34

ね
ネウストプニ 39

の
喉 1

は
拍 10, 15, 93
歯茎 18
撥音 11
発音指導 106
発声器官 6
発話機構のモデル 38
発話時間 13
破裂音 8
判断境界 69

ひ
鼻音 8
ピッチ曲線 31, 53, 64, 65, 88

ふ
複合語 35
分析ソフト 29

へ
平安時代 24, 28
平家物語 11
ペンオシロ vi

ほ
母音 3, 10
母音の無声化 8, 42
方言 2
方言アクセント 72
方言差 73
方言話者 102
ポーズ 10

ポリヴァーノフ 45

ま
摩擦音 7

み
三重村 46
宮沢賢治 11

む
無型アクセント 27, 74
無型アクセント地域 72
無声子音 8, 41, 43
無声拍 52, 87
無声拍にアクセント 13, 40, 51

も
モーラ 15
モデル化 38
桃太郎 102
モラ 15

ゆ
有声子音 8, 43

り
リズム 10, 12, 54
輪状甲状筋 78

る
類聚名義抄 24, 47
類別語彙 24

れ
歴史的・地域的な対応関係 24

【著者紹介】

杉藤美代子（すぎとう みよこ）

東京都出身。1941 年、東京女子高等師範学校（現、お茶の水女子大学）文科卒業。京都大学文学部言語学科故泉井久之助教授の指導を受ける。文学博士（東京大学）。元大阪樟蔭女子大学名誉教授。元日本音声学会会長。2012 年 2 月、没。

（主な編著書）
『日本語アクセントの研究』(1982　三省堂)
『日本人の声(日本語音声の研究 1)』(1994　和泉書院)
『東京・大阪アクセント音声辞典 CD-ROM』(1995　丸善)
『声に出して読もう！―朗読を科学する―』(1996　明治書院)
『音声文法』(編)(2011　くろしお出版)

日本語のアクセント、英語のアクセント
どこがどう違うのか

発行	2012 年 7 月 25 日　初版 1 刷
定価	1500 円＋税
著者	© 杉藤美代子
発行者	松本　功
装丁者	渡部　文
印刷製本所	三美印刷株式会社
発行所	株式会社 ひつじ書房

〒112-0011 東京都文京区千石 2-1-2 大和ビル 2 階
Tel.03-5319-4916　Fax.03-5319-4917
郵便振替 00120-8-142852
toiawase@hituzi.co.jp　http://www.hituzi.co.jp
ISBN978-4-89476-567-2

造本には充分注意しておりますが、落丁・乱丁などがございましたら、小社かお買上げ書店にておとりかえいたします。ご意見、ご感想など、小社までお寄せ下されば幸いです。